ちくま文庫

35歳の教科書

今から始める戦略的人生計画

藤原和博

筑摩書房

目次

はじめに 15

Chapter 1 総論

なぜ、人生に戦略が必要なのか？ 27

01 「みんな一緒」の時代から「それぞれ一人一人」の時代へ 28
組織の囚人か、人生の主人公か
成長社会から成熟社会へ
モノが目標になった高度成長期
夢から覚めない団塊世代と冷めた小中学生
「多様化」「複雑化」そして「変化」が激しくなる

02 宗教的なものを道具として使え 45
日本に宗教的コミュニティが生まれなかった理由

戦略なんていらなかった時代
成熟社会の手本はヨーロッパ

03
会社に依存するな　55
超多忙症候群に依存してはいけない
病気が教えてくれたこと
誰も引き際を知らない

04
杉並区・和田中で「よのなか」科を始めた意味　61
「それぞれ一人一人」のための教育
教育は大人に対しても必要

05
自ら劇場を作り、自ら演じよ　67
もはや大舞台の時代は終わった
劇団「ひとりひとり」

06
「働き方」ではなく「生き方」が問われる 72
あなたはどこから来て、どこへ行こうとしているのか？
共感する力で相手のふところに飛び込め
相手を知ることでプレゼンのツボを探る
肩書きを外した自分は何者か？

Chapter 2
戦略

戦略的ライフプランニングのすすめ

83

07
10代集中、20代夢中、30代五里霧中 84
集中力とバランス感覚が基礎になる
20代は1000本ノック、30代は迷え

08
正解主義を捨てて修正主義の人生戦略を 91
「正解」はない。「納得解」を探せ
若者が転職し続ける理由、結婚しない理由

09
サバイバルするための武器と仲間を持て 96
継続したものが本当の武器になる
「ウミウシ」を専門分野にできるか？
「コミュニティ」がなければ個性もない

10
戦略的人生計画の作り方 103
ゴールの見えないゲームは自分のルールで戦え
誰もが反対する事柄にこそ新しさや独自性がある
「ダダダの無限サイクル」で実行と修正を繰り返す

Chapter 3 知恵
戦略作成の基礎は、クリティカル・シンキング 113
11 演じる力、公共的リテラシー、クリティカル・シンキング 114
新しい「大人」の三つの条件
もう一人の「演じる」自分を持つことがリスクヘッジになる
ベタな演技で自分の枠を広げる
なりたい自分をロールプレイして強くなれ
12 公共性を身につけよ 125
子供の世界では「自分＝神様」
13 クリティカル・シンキング（複眼思考）で物事を捉えよ 128
記憶力だけでは重宝されなくなった

コメンテーターの解説に疑問を持つことから始めよう
自分の周りにインテリジェンスが埋め込まれた社会
その「常識」は本当か？

14 「ロールプレイ」と「ディベート」で地頭を鍛えよ 136
正解なき答だからこそ、考え続ける
［よのなか］科を大人の世界でも実践する

15 35歳に必要な三つのリテラシー 141
大人にも求められる「ＰＩＳＡ」型の学力
読解リテラシー、数学的リテラシー、科学的リテラシー

Chapter 4 武器

自分だけのキャリアが身を助ける

145

16
サラリーマンには虚飾が多い
名刺なしで働けるのが本当の自立
虚飾をはぎとるための公式
146

17
自分自身のリストラをせよ
153
【生活態度のリストラ】テレビと新聞をやめてみる
【仕事内容のリストラ】接待をやめてみる
【思考のリストラ】ポジティブシンキングをやめてみる

18
リストラ後のあなたの武器は何か？
163
どうしてもやりたい仕事はあるか？
100を基準に挑戦してみよう
20代、30代での「1万時間」をテーマにしろ

19
組織内個人を目指せ
172

会社が勝負するのではない、自分が勝負するんだ

20 会社と個人の新しい関係を築け 176
自分にしかできない仕事をいかに続けるか
組織内自営業を目指せ
あなたは「企業人」か？「起業人」か？それとも「寄業人」か？

Chapter 5 コミュニティ

つなげる力で仲間を増やす 189

21 結婚で「ベクトル合わせ」の技を磨け 190
夫婦は「なる」のではなく「する」もの

22 家族と仕事以外の「第三の場所」を持て 194

「ドテラ」により和田中は生き返った
ナナメの関係を作ろう

23 ポイントは「動機づける技術」と「戦略的行動力」 199
相手のことをロールプレイして動機づけよ
最短の期間でツボを見極め、最小のチカラで叩け
コロナ後も生き残るレバレッジ

あとがきにかえて 35歳の「学力マップ」 206
「正解主義」で生きる時代から「修正主義」で生きる時代へ（図解）

[文庫版特典エッセイ]
読んだら、今日から始めよう 古市憲寿 208

35歳の教科書——今から始める戦略的人生計画

はじめに

この本はホンネの書である。

だから、ホンネで読者に聞きたい。

なんか、自分の周りに、まともな大人が見つからないなって感じてない？


その通り。モデル不在の時代なのだ。

40代から自分のテーマを掲げてビジョンを続々と形にすることが人生の醍醐味だ。

あなたがそう考えるならば、それまでは一種のビジネススクールである。

じっくり花を咲かせるために養分を吸収し、技術を蓄積し、必要な人脈とネットワークをつくっておく。できれば、自由に動けるだけの経済的な基盤や家族の社会的な地盤もつくっておきたい。

35歳ならば、人生のクライマックスの開幕まであと数年。そろそろ本気で準備に取りかからなければならない。足りない要素があるのならば、早めにものにして、理想の姿に近づけておく必要がある。

と、ここまで考えて、思考ははたと止まる。理想の姿が思い浮かばないのだ。どれだけ周囲を見渡しても、これからの時代を生きていくロールモデルが見あたらない。

逆に「こんな大人にはなりたくない」という人ばかりが目につくではないか！

たとえば、以下のような10タイプの人物モデルに思い当たるふしはないだろうか。嫌われるのを覚悟で、あえて書く。新しい大人モデルを模索する読者であれば、きっとうなずいてくれると信じるからだ。

その1 お中元、お歳暮をせっせと上司に送る上司（こういう大人に、政治家への贈賄をとやかく言う資格はない）。

その2 スマホを優先席付近でしょっちゅう使ってる人（こういう大人に、子供のしつけを語る資格はない）。

その3 ベンツのクラスやロレックスの型番で相手の格を測る人（こういう大人に、人格や品格を語る資格があるとは思えない）。

その4 ミシュラン頼みでレストランを片端から予約しまくる人（こういう大人に、日本料理の色彩や歯ごたえを評する資格はない）。

その5　テレビの解説者に口裏を合わせて自分の意見のごとく語る人（こういう大人に、考えるチカラとか思考力を論ずる資格はない）。

その6　自分の息子や娘だけはさっさと私立の小中学校に入れている教育評論家（こういう評論家に、公教育をとやかく言う資格はない）。

その7　抗菌グッズやサプリメントにまみれて暮らしている人（こういう大人に、コロとカラダの健康バランスを語る資格はない）。

その8　農業や介護の仕事は朝早いからと嫌って働かない人（こういう大人に、失業対策の補助金を与えるのはいかがなものか）。

その9　給食には金を払っているんだから「いただきます！」と言わせないという人（こういうバカ親に、感謝の心を語る資格はない）。

その10　ポジティブシンキングで何でも解決できると思ってる人（こういうお調子者に、人生の喜怒哀楽や生老病死の深淵はわからない）。

以上は、いまだに生息する発展途上国型人物モデルの例だ。

思考停止して、成長社会の流れに身を任せていればいい時代にはよかった。

変化の時代には「なんか、ヘンだな」という、あなたの「その直感」が何より大事になる。どこかの大統領が「チェンジ！」と叫ばなくとも、あなたの直感は、もうアラームを鳴らしていたはずだ。

「成長社会」から「成熟社会」に入る、入り口のアラームである。


ルールが変わったら、戦い方も変えないといけない

人生を支配する「ルール」が変わった。

なぜなら「成長社会」から「成熟社会」に入ったからだ。

1998年くらいに始まって、今、まさに過渡期の状態。2020年代も中盤に入れば、みんなが「ああ、成熟社会だなあ」と気づくだろう。

年寄りが多くなっただけではない。その特徴は本文で何度も述べるとおり、「多様で、複雑で、変化が激しい」世の中になったということだ。

どう「ルール」が変わったか。

「野球」の時代から、「サッカー」の時代に入ったのだ。

「野球」は、時間に限りがなく進む（もちろん、長過ぎる試合にはストップがかかるようになったが)。攻守は順番に入れ替わり、第三者の審判がストライクやアウトを決める。

何より役割が固定していて、基本的にピッチャーやピンチ・ランナー以外の修正がない。ピッチャーはピッチャー、ショートはショートの守備、打者は打者。だからこそ高校野球などでは「みんな一緒」に監督が采配する管理野球が常道になる。基本的に「正解主義」のゲームなのだ。

対して「サッカー」には、時間制限がある。一定時間の中でドリブルやパスを何度してもよい。攻守は同時多発的に起こり(攻撃が最大の防御だったりもする)、審判は反則だけを見る人で、あとはピッチにいる自分たちだけでゲームを進める。

最大の特徴は、キーパーを除き役割をそれほど固定せず、状況に応じて選手が「それぞれ一人一人」自分の判断で臨機応変な対応をする点だ。

一人一人の選手が多様な役割を演じるから、ルールは野球よりよっぽど単純なのに(相手ゴールに蹴り込むだけ)、複雑なチームプレイが要求される。変化のリズムとテンポはヒップホップ並みで、やっているうちに直しながら進む「修正主義」のゲームだと言える。

「ルール」が変わったのだから、戦い方も変えないといけない。

この本は、その戦法について書き記した教科書だ。

財産とか資産というものの捉え方も変わる

最大の変化は、ここかもしれない、と思う。

旧来型の人生マニュアル本では、「財産」というと「不動産」と「株式」についてだけ言及しがちだ。

しかし、本当に大事になるのは（しかも、前時代の「成長社会」とは決定的に異なるのは）、次の2点だろう。

「借金」と「時間」という資産の扱いだ。

借金ゼロという資産

まず、借金について。

成長社会では（とくにバブル期には）「借金は個人の信用のバロメータ」。だから「個人的には、借金が多ければ多いほど信用がある」と嘯《うそぶ》く人がいた。会社なら、その資産バランスを株式市場がチェックするから、そう言えなくもない。

しかし、パイの増えない成熟社会では、やっぱり「借金ゼロ」が偉いのだ。というのは、多様で複雑で変化の激しい成熟社会では、身軽でなければ、組織にいいようにやられる。会社と取引するにも、身軽、腰軽であったほうが有利になる。会社や役所の提携長期住宅ローンを借りてしまった身では「よっしゃあ、辞めてやる!」とかっこよく辞表を叩き付ける芸もできないだろう。

調子に乗ってクレジット過剰に陥っている人は、早く町中の弁護士に相談して、債務の圧縮を図るべきだ。プライドなんてクソ喰らえ! 一刻も早く、減価してもらったり、放棄してもらったり、身の丈分のクレジットに戻してもらおう。

そして、これからは、借りるんだったら「金」じゃなく「知恵」を借りろ、とアドバイスしておこう。「知恵」を借りられるネットワークこそが、成熟社会の最大の資産になるから。

時間を買え

つぎに、時間という資産について。

和田中学校の校長をやっていた当時、私は毎朝バスで通い、帰りはタクシーに乗って帰った。ちょうど1000円くらいの距離だったから、年間に200日としてタクシー代だけで20万円使っていた計算だ。5年で100万円である。

この話をすると、同僚の校長たちは一様に眼を丸くした。「考えられないムダ遣い」だというのである。

私にとっては、いつ来るかわからないバスを待ってイライラし（行きのバスは始発駅からだったので決まった時間に出発したが、帰りは来るのが不規則で、しかもバス停が暗がりにあった）、時間をムダにするよりは、すぐに帰途につけるほうに投資するのは当たり前の選択だ。

校長の年収をかりに1000万円として、1日12時間（朝7時から夜7時まで）×200日働くとすると年間の総労働時間は2400時間。時給は、1000万円÷2400時間＝4000円強／時間となる。

時間給4000円で働いている身にとっては、15分の価値は1000円の勘定だ。したがって、バスを15分待つよりタクシーで今すぐ1000円払って帰るほうが気分もいいし、余裕時間ができるから投資としては正しいことになる。

家族と過ごす時間についても、同じように考えることができる。

もし、厳しいビジネス社会で営業のプロを自称し、新規事業の立ち上げ経験があり、英語も流暢に話す人材なら、外資系のトップとして年収1億円のオファーがあるかもしれない（実際40歳で私がヨーロッパから戻ってリクルートのフェローになる直前、数千万円の年収＋高級賃貸マンション＋社用車というオファーもあった）。

しかし、それをやったら、年間の総労働時間は10時間×300日以上で3000時間以上に達するだろう。さきほどのような計算をすれば、年収が3000万円あっても時給は1万円以下に留まるわけだ（ちなみに、弁護士や医者、コンサルタントなど一流の専門家の時給は3万円から8万円程度になる）。

しかも、大きな部隊を任された場合、責任者として朝から晩まで働いて、部下のマネジメントにも気を遣わなければならないから、体を壊したり、精神的なバランスを崩したりするリスクは圧倒的に高まる。リスクの大きさは、同じことを体力のある20代から30代前半までにやるのとは比較にならないだろう。

だから、こう考えることもできる。

仕事する私は、1年間を時間売りしてしまえば、本当は1500万円稼げるチカラを持っている。でも、

(1) 自分自身の勉強のために文化的な行事にも参加したいし、読書もしたい。
(2) 家族のために、ともに仕事する時間、食事の時間、語り合う時間も大事にしたい。たとえば、息子や娘が通っている地域の学校の教育活動（全国に1万ヵ所以上できている「地域学校協働本部」の土曜寺子屋や放課後教室、あるいは図書室ボランティアなど）にも参戦したい。

仕事に打ち込める可能性のある3000時間のうち3分の1の1000時間を本業に投資し、残り（3分の2）の2000時間を戦略的に別のことに投資する、と。思い上がりと言われても、気にしなくていい。

「みんな一緒」から「それぞれ一人一人」の社会になっていく変化の時代には、孤立することを怖がってはいけない。「いい子であること」の呪縛から逃れるのだ。

1年間で、本当に集中して働く時間を10時間×100日＝1000時間として、組織からもらう給料は500万円を上限とし（それ以上稼げても稼がないという、笑っちゃうような「超」生意気な態度で）、残りの2000時間を、その他の（1）自分への投資、と（2）家族と地域社会への投資のために使う。

マスコミに踊らされた無理矢理の自己啓発や、自己犠牲や、家族サービスではない。喜んで「未来の自分のために投資する」のである。結果的にはそのほうが、自分自身だけでなく、家族を含むコミュニティという資産を豊かにする。

このどれであっても、のちに本文で触れる通り、10年続ければ達人の域となる必要条件の「1万時間」に達するだろう。

だから、あなたは
（1）を極めて書籍を刊行するかもしれないし、コンサルタントとして、もう500万円とか1000万円稼げるようになるかもしれない。あるいは、
（2）を極めて、ローカルビジネスを起こしたり、ソーシャルアントレプレナー（社会起業家）や、私のように「民間校長」になる可能性も出てくる。そうでなくても、たんに一生ものの気分のいいコミュニティを地元の学校を中心に形づくれるかもしれない。もちろん、パートナーと老人になっても語り合える様々な想い出を共有できるし、子供たちにより鮮烈な、あなた自身が生きた痕跡を残すことにもなるだろう。ファミリービジネスが生まれ出たりする可能性だってある。

この本を読めば「あなた」には、もう、そんな多様性と複雑さと変化に対する柔らかアタマが備わっているはずだ。

そして何より「正解主義」の呪縛を解いて、「修正主義で生きればいいや」という凛とした無謀さ、も。

人生という航海での武運と幸運を祈る。

Chapter

1

総 論

なぜ、人生に戦略が必要なのか?

01「みんな一緒」の時代から「それぞれ一人一人」の時代へ

組織の囚人か、人生の主人公か

あなたはこのまま一生を組織の囚人として過ごすつもりですか。それとも、自分の人生の主人公として生きていきますか。表現がいささか過激かもしれませんが、私が読者に問いかけたいことは、まさにこの質問に集約されています。

組織に埋没するのではなく、自立した個人として人生を設計し、プランニングして、オリジナリティの高い人生を歩んでほしい。これこそが私が本書を通じてあらゆる角度から主張してみたい、ほとんど唯一のメッセージです。

ゆめゆめ一生を誰か（何か）の部下として過ごしてはいけません。もはや大きな流れにただ乗っかっていくような生き方では、幸せを実感できない時代に変わってしまったからです。

こう言うと、多くの人が

「私は囚人なんかじゃありません。組織には属していますが、自由意思を持って、独自の価値観で日々を送っています」

と反論することでしょう。

ここはひとつ、立ち止まって、じっくり考えてみてください。

あなたは本当に自由でしょうか。

あなたらしい人生、あなた固有の物語を生きているでしょうか。

実は私も組織の囚人の一人でした。それも立派な模範囚だった。

若い頃は早朝から夜中まで、寝る間も惜しんで働きました。管理職になってからも、取引先との接待や部下の査定、社内会議に多くの時間を割かれながら、それでも必死に働いて結果を出し、そのことに喜びを感じていました。

そんな生活に疑問を持つようになったのには、二つのきっかけがありました。

ひとつは病気です。31歳を目の前にしてメニエル病という、突然めまいがしたり、吐き気をもよおしたりする病気にかかってしまったのです。ストレス過多による一種の心身症で、完治するまで実に5年の歳月が必要でした。

それまでの私は、自分が完全に組織の人になっているなどと考えたことはありませんでした。忙しく働き、忙しく遊ぶのが当たり前だと思っていたし、それこそが自分らしい生き方だと信じて疑いませんでした。

しかし、体は嘘をつきません。病を抱えてからは公私ともにライフスタイルをあらためざるを得ませんでした。それとともに私の価値観も少しずつ変化していったのです。

もうひとつはロンドンとパリで合わせて2年半ほど暮らした経験です。とくにパリでは、組織人としてよりも人生と人々との関わりを大切にするフランス人の生活信条に触れ、その〝芸術的生活術〟に強い影響を受けました。

「彼らのように人生を謳歌しているだろうか」

「組織の一員として身を粉にして働くことで、実は組織の外では通用しない人間になってしまう、という恐ろしいパラドックスに陥っているのではないか」

そう、真剣に考えるようになりました。

当時、私が抱いていた日本の社会と組織に対する問題意識や、そこから発した行動はまだ一般的ではなく、本質を十分に理解してくれる人は少数でした。

しかし最近、子供から大人まで、様々な年齢や属性を持った人々と交流する中で、ふと気づいたのです。

「時代の潮流が大きくシフトしている現在、私が長い間、自問自答してきたテーマが、すべてのビジネスパーソンにとって普遍的な問題になっている」

そのことを明確に実感するようになったのです。

「今こそ私が一足先に経験し、考え抜いた事柄が、混沌とした現代日本を生きる多くの人たちに何かしらのヒントになるのではないだろうか」

そんな思いが、本書を執筆する原動力となりました。

あらためて尋ねます。

あなたは、このまま一生を組織の囚人として過ごすつもりですか。

それとも、自分の人生の主人公として生きていきますか。

この本を読み終えたとき、すべての読者が、この根源的な問いに対する明確な答を導き出せるように、考えるための材料を次々と投げかけていくつもりです。

安心してください。従来の価値観を自ら揺さぶり、新しい人生の航海図を描く過程は、知的興奮に満ちた楽しい作業です。

最初に断っておきますが、これらの問いに私が「正解」を出すわけではありません。たとえ答を提示したとしても、それを信じるだけならば、やはり「精神の囚人」です。

どうか「それぞれの人生の主人公同士」として、私と1対1で向き合い、時には本を傍らに置いて、自問自答してみてください。

それはまさにインタラクティブな対話です。

即興演奏のような自由さと興奮があるでしょう。

あなたの中に、どんな考えが湧き上がってくるのか。

さあ、そろそろセッションを始めましょう。

成長社会から成熟社会へ

時代が激変しています。

そんなことは今さら私が言わなくても、誰もが日々の暮らしの中で、肌で感じていることでしょう。

では、いったい何が変わったのか。どんな地殻変動が起こっているのか。私は誰彼問わず、よくこの質問を投げかけます。

「日本が抱える最大の問題は少子高齢化です」

「資本主義が行き詰まりを見せているんですよ、現代は」

「すごい勢いで草食系男子と肉食系女子が増えていること」

「環境問題ですね。もう待ったなしの状況」

「官僚政治の打破と地方分権がキーワードです」

なるほど、どの意見も今の時代を表現しています。ただ、「それら表層の現象の根底にある変化とは何か」と問われるならば、私はこう答えます。

「みんな一緒」→「それぞれ一人一人」

これは

「成長社会」→「成熟社会」

という流れに対応しています。

日本が第二次大戦に敗れた後、戦火に焼き尽くされた街角に立った私たちの先輩は、「どうにかしてこの国を復興させよう」という志に燃えていました。全国民が一丸となって同じ目標に向かった。これはものすごいパワーでした。

当時の日本にはいくつかの幸運が重なりました。たとえば朝鮮戦争による特需がありました。防衛面ではアメリカの傘の下にはいることで莫大な軍事費をかけず、その分を経済発展に向けることができました。日本人は「貯蓄好き」だったので、郵貯や年金を財政投融資という形でインフラ整備に充てることができた点も大きかった。驚異的とも言える戦後復興は「東洋の奇跡」とも呼ばれました。

そして1980年代、日本の経済力はピークに達します。87年には急激な円高の影響ではあるものの、ドル建ての一人当たり国民所得ではアメリカを追い抜いてしまいました。88年末には、世界の時価総額ランキング100社中51社、上位20社中18社が日本企業という、一人勝ちの状況が訪れたのです。

89年にはアメリカ経済の象徴とも言うべきマンハッタンのロックフェラーセンタービルを三菱地所が買収。ティファニー、エクソン、ABCなど有名ビルを日本の企業が次々と買収したのもこの頃です。

世界もそんな日本の経済的な成功を認めざるを得ませんでした。米ハーバード大学のエズラ・ヴォーゲル教授が著した『ジャパン・アズ・ナンバーワン』が注目され、世界中が「日本に学べ」と日本の社会と企業を研究。周りから認められたことで、日本人は「みんな一緒」の戦略が正しかったのだと確信しました。

こうした高度成長の中で「中流意識」が国民全体に広がり、「一億総中流社会」が実現しました。戦後、食べるものもない貧しさを経験した人たちが一気に底上げされて、平均的に豊かになったのです。

この「みんな一緒」が、実は戦後日本の隠れたキーワードでした。成長社会のライフプランニングには、「みんな一緒」に信じることができるモデルケースがあった。

良い高校に進み、良い大学に入れば、一流企業に就職できるから幸せになれる。会社に入ったら年功序列で給与と地位が自然に上がっていく。終身雇用だからクビになる心配はない。その代わり、会社には骨を埋めるつもりで奉公する。少々、理不尽なことがあっても辛抱しなければならないし、自分の意見は必要ない。出る杭は打たれるから、目立たないようにしなければならない。郊外にマイホームを建て、庭に犬を飼い、定年後は盆栽を楽しむ。

これがいわば「成長社会の代表的なライフプランニング」でした。実際に書いてみると、思わず苦笑してしまうくらいにステレオタイプですが、このような成功物語をたくさんの人が信じてきたのはまぎれもない事実です。

もちろん、受験戦争で振り落とされたり、出世競争に敗れたりする人はいますが、マクロで見れば、「みんな一緒」の流れに乗っかっていればよかった。社会全体が発展していくので、バスに乗ってさえいれば目的地か、それに近い場所に到着することができたのです。

ところが現代社会はどうでしょう。周りを見渡してください。どこかに「みんなで幸せになれる成功モデル」が落ちているでしょうか。残念ながら、誰も物語を提示してくれないし、敷かれたレールはない。もはや個人がそれぞれの価値観で、独自の幸せを追求する時代に変わってしまったのです。「みんな一緒」から「それぞれ一人一人」へと、ものすごい勢いで大きくシフトしている。それが現代なのです。

モノが目標になった高度成長期

ここ数年、企業や学校、家庭など社会のあらゆるシーンで繰り返されたキーワードが「夢」でした。「流行した」と言ってもいいでしょう。そのほとんどが「人は夢を持ち、それに向かって生きるべきだ」という論調です。確かに正論だとは思いますが、ここまで声高に叫ばれるのは、「現代を生きる、とくに若者が夢を持てなくなった」ことの表れでもあります。夢に向かって生きる若手経営者をポジとするならば、ニートやフリーターなど夢を持てない層が、ネガとしてはっきりと浮かび上がっている。確かに現代は夢を持ちにくい時代なのです。

成長社会では夢を描くのが簡単でした。人々は「新しい〝モノ〟によって幸せになる」と信じることができたからです。単純にそれらを手に入れることを目標にすればよかったし、周りの人たちも同じ夢を描いていました。

代表的なのは家電品です。1950年代後半から、電話、白黒テレビ、電気冷蔵庫、電気洗濯機、電気掃除機というように、家庭の中に次々と新しい家電品が入ってきました。

ついで1960年代半ばのいざなぎ景気時代には、カラーテレビ（Color television）、クーラー（Cooler）、自動車（Car）の3種類の耐久消費財が「3C」と呼ばれ、この三つをすべて手に入れることが中流家庭の証となりました。日本中の誰もがモノを買うことによって生活が向上することを実感できた時代でした。

このことを、先日対談した劇作家・演出家の平田オリザさんは、こう表現しています。

「自動炊飯器が家庭に入ってきて、主婦の睡眠時間は1時間延びた。冷蔵庫の登場で、日本の家庭から食中毒が一掃された。洗濯機によって日本の主婦の手からアカギレがなくなった。成長社会では、モノが確実に人を幸せにしたのです」

まさにその通りで、テレビは白黒よりカラーのほうがよかったし、エアコンで生活は快適になったし、マイカーを手に入れることで、気軽に遠出ができるようになった。こうした価値観は万人に受け入れられました。

誰もが幸せだと思えたから、一生懸命に働いてモノを買った。消費が広がりますから、モノを作る会社を中心に企業の業績は伸びます。すると給料も上がる。この好循環によって、日本の経済全体も拡大していきました。

ところが、もはやモノは私たちを幸せにしてはくれない。日本の一般的な家庭には家電品が溢れています。コモディティ化、モジュール化によって、収入に対する家電品に代表されるモノの価格は相対的に下がりました。もちろん、どの分野にも高級品は存在しますが、日本において「給料が安いのでテレビが買えない」という家庭は例外中の例外でしょう。

家の中に「みんなも持っているモノ」が揃うと、今度は新製品に目が向くようになります。人々は新しい機能と、新しいデザインを求めて消費を続けました。

しかし、これにも限界があります。次々と新製品に買い換えるのも、いい加減飽きてきた。だって、ちょっとバージョンアップしたからといって、今のモノには私たちを幸せにする力はほとんどありません。そのことは平田さんの

「今、テレビが5センチ薄くなって幸せですか?」

という問いかけに集約されています。新製品は便利かもしれないし、かっこいいかもしれないけれど、決して人を幸せにはできない。逆に「これ以上、モノに占拠されたくない」という気持ちも湧き起こってきます。「万人にとっての正解」がどんどん

怪しくなってきたのです。

また、モノによって支えられていた経済成長にも陰りが見えるようになりました。80年代に隆盛を極めた日本経済も、90年代に入ると失速。それまでの勢いは見せかけの繁栄だったことが明確になり、90年代後半にはバブル経済の崩壊が地方社会にまで深刻な影を落とすのです。

オイルショックなどいくつかの波はあったものの、それまでの大多数の日本人は「経済はずっと成長していく」と思い込んでいました。だからこそ、実態以上に土地の価格がつり上がっていった。しかし、「永続的な経済発展」という物語もやはり、いつかは迷信の烙印を押される「神話」だったのです。

高度成長期、多くの父親は家庭も顧みず、会社に尽くした。休日や余暇を犠牲にして会社の発展に貢献しました。終身雇用、年功序列の仕組みの中で、働けば働くほど結果がついてきました。

背景には奇跡的とも言われる日本の経済発展がありました。世界から「エコノミック・アニマル」とか「働き蜂」とか揶揄《やゆ》されても、経済成長こそ日本が世界に誇れる分野だと信じて疑わなかった。

妻や子供たちも、その物語を信じました。もちろん「わずかの疑問も持たなかっした。よりたくさん消費できることは魅力でしたし、周りも同じような幸せを享受していました」わけではないでしょう。それでも昇進とそれに合わせた昇給によって家計が潤い、

夢から覚めない団塊世代と冷めた小中学生

ところが、90年代からの経済の低迷で、ビジネスパーソンもその家族も経済発展という精神的支柱を失いました。「みんなでがんばって、みんなの日本経済を、みんなで良くしていく」というスキームが崩れたのです。

その事実を最も敏感に感じ取っているのは子供たちです。よく、

「最近の小中学生はクールだ」

という言説を耳にしますが、それは当然のことです。以前のように

「社会全体、日本人全体で一丸となって、昨日より明日を良くしていこう」

と叫んだとしても、それが祭りの後の幻想であることが白日の下にさらされてしまったのですから、しらけるのは当然です。

彼らはすでに「人の作った物語に乗っかることができない」という事実をはっきりと認識しています。精神的支柱を失うというのはなかなか大変なことですし、タフで

なければやっていけません。クールにならざるを得ないのです。

そんな子供たちにとって、私の話は実に当たり前に響くでしょう。一方で、サラリーマンを終えたシルバー世代には、この変化を理解するのが難しい。「みんな一緒」で、ある程度の成功をしてきましたから、今さら価値観を変えたくない。失礼な言い方になるかもしれませんが、上の世代には人生において、明確な戦略は必要じゃなかった。大きな流れに沿って生きればよかったからです。

しかし、これからの時代を生きる人は、そうはいきません。

新しい時代に、新しい戦略を持って、人生を生き抜いていかなければならない。

それが「それぞれ一人一人」の時代の処生術です。

「多様化」「複雑化」そして「変化」が激しくなる

成熟社会では、どのようなことが起こるのでしょうか。

よく「成熟社会とは高齢化が進み、お年寄りが増えた社会のことですよね」と言われることがあります。確かに高齢化は成熟社会の一側面ですが、最大の特色は、すべてのものが多様化して社会システムが複雑になっていき、変化が激しくなること。

（1）多様化

（2）複雑化

（3）変化

が成熟社会の三つのキーワードです。

成長社会が終わった日本では、すでに「みんな一緒」が割れはじめました。顕著なのが経済格差で、一億総中流が割れて縦に伸び、横線がどんどん入っています。格差の拡大は「貧困層の増大」といった社会問題を引き起こす可能性が高まるので、その点はセーフティネットの拡充など政治の力を十分に機能させる必要があります。

ただし、このような傾向が一概に悪いとは言えません。なぜなら、割れているのは経済力だけではないからです。縦だけではなく、前後左右でも多様化、複雑化、変化が起こっています。

たとえば私が小学生だった頃、世界の舞台で戦えるサッカー選手といえば釜本邦茂さんただ一人でした。ところが今やどうでしょう。世界各国のクラブチームで日本の選手が大活躍しています。野球も同様に、日本人がメジャーリーグでこれほどの成績を残せるなんて、一昔前までは想像さえできなかったことです。

スポーツだけではありません。ピアノやバイオリンといった、もともとは西洋の音楽、楽器の分野でも世界的なアーティストが生まれるようになったし、クラシックバレエでもヨーロッパの第一線で活動するダンサーが登場している。あらゆる分野で独自性を発揮して活躍する日本人は確実に増えています。

これも成熟社会に入ったひとつの証拠です。「勉強ができる子が一番偉い」という、「みんな一緒」の価値観が崩れてきたからこそ、自分の好きなこと、得意なことに打ち込む子供たちが増えてきた。そして、そうした人たちが一流大学を出て一流企業に就職する人よりも尊敬され、憧れられる時代に変わったのです。

人々の価値観は多様化し、複雑化し、そしてこれまでにないスピードで変化している。そうなると、当然ながら過去の成功パターンは通用しません。

「退職金で一戸建ての家を買うのが人生の幸せだ。正しい生き方だ」

などと言われても、何の説得力も感じない。

成長社会であれば、一生懸命に働く親の背中を見ながら、言われるままに学校の勉強をして、教師の言うことをちゃんと聞いていれば、そこそこの生活ができた。両親と同じくらいか、もしくはそれ以上の幸せがあったと思います。

ところが成熟社会となった今では、その考えがガラリと変わりました。両親と同じような人生を目指したとしても、両親が味わったものと同等の幸せが得られるとは限らなくなったのです。

逆に言えば、「オリジナリティの高い人生を歩もう」と考える人にとっては生きやすい時代です。以前ならば「不真面目」「不良」といったレッテルを貼られていた分野やライフスタイルが、価値観が多様化した今、羨望のまなざしで見られる生き方になる可能性だって大いにあるからです。

成熟社会の多様化、複雑化、変化を嘆くのか。あるいは楽しむのか。

あなたはどちらの人生を選ぶでしょうか。

02 宗教的なものを道具として使え

日本に宗教的コミュニティが生まれなかった理由

日本は「宗教」を表向きに発動できにくい国です。

日本固有の宗教といえば「神道」ということになるでしょう。古来、あらゆる事象に神が宿るとする「八百万《やおよろず》の神」を崇《あが》めてきました。

そもそも明確な教義や教典がない、人々の生活に寄り添ってきた素朴な宗教なので、信仰によってまとまるという側面が薄かった。その上、明治から太平洋戦争の終戦までにかけて「国家神道」という形で国威発揚に利用されたことで、日本人は神道を「自分たちの宗教」として同意できなくなってしまいました。

かといってキリスト教が根付くこともありませんでした。実に450年以上、多大な資金と人的資産を投じて布教活動が展開された結果、日本のキリスト教信仰者は全人口のわずか1%も超えていないのです。

しかし、成長社会の日本には「みんな一緒」に信じられることがありました。「昨日より今日。今日より明日は良くなる」という幻想です。それは時として「とにかくガンバレ!!」という呪文で盛り上げられました。まるで「ガンバル教」という宗教のように、みんな一緒に信仰できたので、さびしさや不安を感じなくても済んだのです。ところが、「それぞれ一人一人」の時代になった今、日本人は大きな不安を感じるようになりました。私は日本に「それぞれ一人一人」の兆候が本格的に出現し始めてから20年以上経っていると見ていますが、ここにきて多くの人が「心の拠《よ》り所」を強く求めるようになったとも感じています。

それでは、何を拠り所として生きていけばいいのか。日本では古来からの宗教のもとに集うことができません。神道は表に出にくくなり、仏教は人が死んでからのことに強く関わるようになった反面で、人間の「生」にあまり関心を向けなくなってしまった。その隙間を埋めているのが、台頭する新興宗教ですが、当然ながら受け皿として十分ではありません。

人は何らかの中間集団に属していたい。たとえば、年上の人が兄や姉のように感じられる地域集団があって、毎年開催される夏祭りに参加する。近所の商店街では、顔なじみの八百屋のおばさんが挨拶をしてくれる。いじめられていたら、魚屋のおじさんが助けてくれる。そんなコミュニティが、人間には必要なのです。

すでに成熟社会を迎えたヨーロッパでは、産業社会とは別に教会を中心にしたコミュニティが機能しています。それが個人と社会をつなぐ中間集団となるのです。フランス人の友から、こんな話を聞いたことがあります。

「フランス人の多くはクリスチャンだけど、大人になるにつれて教会から足が遠のく。結婚式とか葬式とかくらいかな。でも、子供ができると、また毎週のように通うようになるんだ。彼らには家庭や学校以外の場が必要だからね」

よくできた仕組みだ、と思いました。

それでは教会と同じような役割を、日本では何が果たしているのか。以前ならば、かろうじて「会社」と答えることができたでしょう。しかし、もはや会社は永続的な参加を約束できる中間集団ではなくなりました。

現代の日本を見渡したとき、私には「スマホ」のネットワークが中間集団の役割を担っているように思えます。街を歩く人、カフェで休憩する人、電車に乗っている人……普段の生活の中で人々のほとんどがスマホをまるで赤ちゃんのおしゃぶりのようにいじっていますよね。

それだけ現代の日本人は誰かとつながっていたいのです。決して出会い系サイトのことだけを言っているわけではありません。「一人になってしまう」という恐怖感から、誰かとつながっていようとする。それを、生身の人間ではなくスマホを通じたコミュニケーションに求めているのです。

もうひとつはブランドです。「グッチ」を持っている、「エルメス」を持っているという事実がコミュニティへの参加権になります。私はブランドのことを「制服」と呼んでいます。要するに、同じものを持つことで安心感を得たい。グッチやエルメスはもう古い、となれば、今度は「エコ」「古民家暮らし」といったコミュニティが次々に生まれます。

誤解してほしくないのですが、私は「宗教が正しくてスマホやブランド品は間違っている」などと言いたいわけではありません。宗教が果たすべき役割を、他のコミュニティが受け持っているという事実を提示しているだけです。

宗教もただ盲信すれば危険です。オウム真理教の例を挙げるまでもなく、無自覚に自分自身を投じてしまう（帰依《きえ》する）と悲劇も生まれます。スマホもブランドも、あるいはネットもテレビも、それがコミュニティの役割を果たしていると知らずに没入してほしくない。それではドラッグ中毒と同じですから。

コミュニティには参加していいし、それで精神のバランスをとることは、現代日本では大切な「生きる知恵」かもしれません。

実際、「それぞれ一人一人」になることは恐怖を伴います。その恐怖をどのように自分でコントロールするかについては技術が必要なのです。宗教に入信するのもひとつの手でしょう。コミュニティに参加したり、自分で新たなコミュニティを作ったりするのもいい。怖さをいかに癒すかは、戦略上、欠かせないファクターになる。ただし、確信犯として加わることが大切です。宗教や宗教的なものを、道具として扱える感覚が必要になっているのだと思います。

戦略なんていらなかった時代

成長社会においては個人と集団の関係について、あまり深く考える必要はありませんでした。国のシステムそのものがそのように設計されていたからです。

義務教育を終えたら、「せめて高校までは」「みんな大学に行く時代だから」と、自然に次の集団に属することを促されました。

「大学を卒業したら新卒で会社に入るものだ」という考えも常識化しました。ヨーロッパのように年間を通じて一人一人と面接をして、いちいち能力を見極めなければいけないのでは膨大なコストがかかってしまいます。企業にとっては新卒者が一度に入ってきてくれたほうが都合がいい。産業界にとっても、個人にとっても効率的で楽だったわけです。

ひとたび会社に入ってしまえば、ぼんやりしていても賃金は毎年上がっていきました。よほどのことがない限り、クビになることもありません。会社という集団に安心して身をゆだねることができたのです。

年金や保険は「国に任せておけば老後は安泰だ」と信じることができました。欧米の多くの国では、保険は自ら入念に設計して加入します。民間の年金会社もあり、それぞれ自分にあったプランを選択する人も少なくありません。しかし、日本ではそんな面倒なことをする必要がなかった。国と会社が勝手に設計してくれたからです。とにかく成長社会の日本は会社や国にライフプランを任せておけばよかった。個人の人生戦略なんて必要なかったのです。

言い方は悪いかもしれませんが、日本人は自分の人生を定食のように選ぶことができました。会社に入ったら「Aコース」、課長になれば「Bコース」、定年の時には「Cコース」で、マイホームと愛犬が手に入る、というように。いちいち「人生いかに生きるか」などと考えずに済むのですから、実に便利でした。

ところが今はどうでしょう。バブル経済の崩壊とコロナ災禍で、新卒採用は急速に収縮しました。終身雇用、年功序列が崩れ、リストラの恐怖は日常的なものとなりました。

年金はどうでしょう。国に任せっきりにしてきた結果を、私たちはまざまざと見せつけられています。

もはやろくに考えもせずに、突き出された定食を喜んで食べているだけでは生きていけない時代に突入したのです。私たちが必要としているのは、「自分の人生を生き抜くための戦略」に他なりません。

成熟社会の手本はヨーロッパ

私は93年秋から約2年半、ロンドン、パリに長期滞在しました。そこで学んだのは「成熟社会」を生きる知恵と技術です。

イギリスもフランスも一時は世界を支配するほどのパワーを持ち、その後、経済的、軍事的に衰退していく過程を経験しながら、100年以上かけて成熟社会をつくってきました。バブル崩壊の後遺症に苦しんでいる日本を飛び出した私は「いずれ日本も成熟社会に向かうのは間違いない」と確信しました。

とくに影響を受けたのはパリ。フランス人の生活信条である「アール・ド・ヴィーヴィル」です。人間と人間の間を取り持つコミュニケーション手段としての芸術的生活術。自分らしい豊かな生き方、暮らしの美学と言ってもいいでしょう。

もちろん成熟社会の生き方ですから、「アール・ド・ヴィーヴィルとはつまりこれだ」といった一般解はありません。一人一人が自由に考え、選択し、味わっているのです。

それはたとえば人に道を譲りながら、服装や髪型を褒めることかもしれません。料理を楽しむためにテーブルクロスを選ぶことであり、パートナーのためにとっておきのワインを抜く瞬間だったり、電車を一本遅らせて次の電車に座っていくことだと語る人もいる。

パリで暮らす人々は日常の中にこうしたちょっとした喜びを発見し、それを楽しんでいます。ちょっと哲学的ですが、その背景には「人は生を受け、死を迎えるまで、結局他人とは完全にわかり合うことはできない」という絶対的に孤独な人間観が横たわっていると感じました。そう、これが「それぞれ一人一人」の時代の根底に流れる認識です。しかし、だからこそ「いかにわかり合えない者同士がともに幸せに生きていくことができるか。美味しい食事、知的な会話、そこに人が幸福を共有する時間があり、方法そのものがあるのではないかと考えているのだと思います。

私の言葉で語るなら、それは「日常的に小さな感動を与え合う人生」です。別段、難しいことではありません。

たとえば食事を大切にしてみる。フランス人は自宅に相手の夫妻を招いて食事をするとき、テーブルセッティングやインテリアをその日に合わせてアレンジします。それをテーマにして会話が始まり、気の利いた食事と選ばれたワインが場をいっそう盛り上げます。そんな大切な大人の時間、子供たちは眠たくなくてもベッドルームに閉じこめられます。リビングルームにはテレビはなく、スマホが鳴ることもありません。

あるいはアッパーミドルクラスは田舎に所有するカントリーハウス（別荘）を最大限に活用します。崩れかかった農家を安く買い取って、休暇の度に訪れては自分たちで少しずつリノベーションを施していきます。

もちろん食事や別荘はほんの一例です。私は日常のささいな事象の中に、クリエイティブな関係を作っていこうとする彼らの生き方に、あらゆる場面で感動させられました。そして、帰国後、「日本人流のアール・ド・ヴィーヴルとは何か」について、事あるごとに考えてきました。

こう言っても、一昔前ならば振り向く人はいなかったでしょう。しかしここ数年、成熟社会への転換が急速に進んでいる中、多くの人が「自分なりの豊かな生活」を求めるようになり、私の話もすんなりと受け入れられるようになったのです。

このことひとつをとっても、いよいよ日本にも本格的な成熟社会、「それぞれ一人一人」の時代が到来したのだと確信できます。どうやら私たち日本人にも、ヨーロッパを参考にしながら、オリジナリティの高い生活信条を構築すべき時が来たようです。

03 会社に依存するな

超多忙症候群に依存してはいけない

30歳までの私は、まさに〝24時間働ける〟ジャパニーズビジネスマンの典型でした。朝から晩まで仕事をして、遊んで、酒を飲んで、とにかく忙しい毎日を送っていました。

1985年、通信事業の自由化によってリクルート社はデジタル回線のリセールという、まったく新しい事業分野に進出。私は営業課長に任命されました。

それまで採用PRや雑誌の広告営業で実績をあげていたので営業力には自信がありましたが、この時は飛び込みを中心に営業をかけていくローラー作戦を採用。未経験の手法だった上に、東京だけで六つの課と三つの営業所がテリトリーを決めずに争うサバイバル営業合戦でした。その営業スタイルは、週刊誌に「リクルート社の女性営業マンはビルに入っている会社を片っ端からアタックをしていく。まるでアイスクリーム売りのようだ」と書かれたほどでした。

今振り返ってみると、当時の私の生活は、まったくもって異常でした。朝の7時半には出社して勉強会を開き、8時から朝ミーティングをしたら、後はひたすら営業。昼休みはなく、昼食は7分で済ませる。夕方7時頃に帰社したら、再び全員でミーティング。その日の営業の進捗状況を報告し合う。9時過ぎに終わってから、さらに勉強会。翌日のプレゼンテーションのための資料を作って、新人の相談に乗っていると、まず間違いなく午前0時を過ぎることになります。

それから夕食を兼ねた夜食。酒を飲んでハイになることが多かった。こういうときにはどうしても締めにラーメンが食べたくなってしまう。一度このパターンにはまるとなかなか抜け出せません。週に3回、深夜にラーメンを食べていたら、体を壊すのは当たり前です。

それでも新規事業に向かう高揚感と緊張で、「疲れた」と感じることはありませんでした。仕事のおもしろさのほうが先に立っていたのです。

私はそれまで中古車情報誌『カーセンサー』の事業計画を策定したり、プレハブ住宅各社の新商品を紹介する雑誌『ハウジング情報』（後の『月刊ハウジング』）の営業部隊を立ち上げたりするなど、仕事に意欲的に取り組んで実績をあげていました。地位も給与もみるみるうちに上がり、30歳を前に年収1500万円を突破したのです。

ビジネスマンにとって、これがおもしろくないわけがない。給料や役職が上がる高揚感はドラッグに似ているのかもしれません。

「忙しく働き、忙しく遊ぶのは当たり前。それこそがビジネスマンのあるべき姿だ」そう信じていました。まさに「超多忙症候群」です。

病気が教えてくれたこと

翌年、大手企業攻略のために営業所を開設し、私はその初代所長となったのですが、ここで大きな屈辱を味わうことになりました。私の営業所だけが月間の売り上げ目標を大きく下回ったのです。営業には自信があったぶん、ずいぶんと堪《こた》えました。

その頃のことです。いつもと同じように早朝出勤した私は、オフィスの前の廊下で立ちすくんでしまいました。ドアを開ければ、いつもの光景が広がるはずです。プレッシャーグラフ、今期のスローガン、私より早く出社している営業マンがすでに仕事を始めているかもしれません。

8時前のまだ暗い廊下。他のオフィスにも人気はなく、電話の音もせず、どこまでも静かです。

突然のことでした。オフィスのドアまでのほんの20メートルの距離が、とてつもなく長く感じられたのです。情けないことに足が動かない。

「いったい、どうしたんだ？」

自問しても、答は見つかりませんでした。それでも私は足を引きずるようにして前進しました。ドアを開けると、まだ誰も来ていない。ほっとした瞬間、全身にびっしょり脂汗をかいていることに気づきました。これが最初の異変でした。

「俺は本当にこの仕事がしたいのだろうか」

あの不気味な感覚から、私は企業人としての自分の現状を疑うようになりました。

「クリエイティブな仕事がしたいから、この会社に入ったはずなのに……。出世レースで勝利するのは確かに心地いいが、本当にこのままでいいのだろうか」

そうは思いながらも、日々の仕事は忙しくなる一方です。すぐに業績を回復させた私は30歳で次長になり、その翌年には部長に昇進しました。私の感覚は再び麻痺し、白いサイボーグとして働きまくりました。

メニエル病の症状を意識したのは、次長になる直前のことでした。昼間からめまいがしたり、吐き気をもよおしたりする。毎日病院に通って、めまいは1週間でなくなりましたが、午後になると頭がぼーっとする後遺症は、その後5年間も続きました。私はその間に、ゆっくりと心と体を調整していきました。

今になってみると、「あのままメニエル病にならずにスーパーサラリーマンを演じていたら、今の歳まで生きていられなかったかもな」と思います。

私はよく「病気はチャンス」と言っています。自分自身の内面の声に耳を傾ける絶好の機会だからです。現実をしっかりと受け止めて、生活スタイルを少しずつ変えていけばいいのです。

誰も引き際を知らない

成長社会で教育を受けてきた私たちは、「引き際」について考えることがほとんどありません。経済人でも政治家でも、引き際がまったくわかっていない。これは教育を受けていないからです。

かく言う私自身、もしメニエル病にならなかったら、サラリーマン人生に自分で幕を引けたかどうか疑問です。戦後日本の典型的な中流家庭で育ち、大学受験というゲームに何の疑問もなく没入した私は、いわば優秀なマシーンでした。

だから、たとえ自分のやりたいことでなくても、ゲームのルールを提示されたら、ほぼ無条件に勝利に向かって突き進んでしまう。無理矢理やらされているのではありませんから、ゲームに参加している時は前向きで積極的です。上昇している時はおもしろいし、それが自分の意志であると確信さえしています。

しかし、その盲信は場合によっては病気という形で表れ、第一線からの突然の撤退を強いるかもしれません。一面的に見れば辛いことですが、結果的には自分の内面の声に気づけるのだから、まだいいのです。最悪の場合、現場にのさばり続け、老醜をさらすことにもなりかねません。

もちろん、引き際を意識すると言っても、力を抜くわけではありません。今でも私は「これ」と決めた仕事には全力を傾けます。若い頃のように体を壊すような無茶はしませんが、徹底してエネルギーを注ぎ込み、プロジェクトを成功に導こうと努力します。これは、もう習い性です。

ただし、その一方で「どこで降りるか」「ここまでやったら、あとは任せる」という引き際を、いつも意識するようにしています。

今、組織の中で働いているとしたら、どうか引き際について深く考えてみてください。美しい引き際と、その後の充実した人生を思い描くのです。

04 杉並区・和田中で［よのなか］科を始めた意味

「それぞれ一人一人」のための教育

2003年から08年までの5年間、私は杉並区立和田中学校の校長を務めました。都内の公立中学校では初めての民間人校長だったこともあって、予想以上に世間の注目を集めることになりました。

この間、まったく新しい様々な取り組みを実施しましたが、中でも象徴的だったのが、［よのなか］科というオリジナル授業です。

経済成長神話が崩れ、「みんな一緒」から「それぞれ一人一人」の時代へと日本が移行するにあたって、子供はどんな能力を身につければいいのか。いかに学ぶことを動機づけるか。そんな問題意識から生まれた授業です。

世の中はものすごいスピードで変化していて、新しい問題が次々と持ち上がっていますが、それらと学校の授業がどう結びつくのかはブラックボックスになったままです。「なぜ学ぶのか」が曖昧な状態で知識を押しつけるのではなく、身近な事例から世の中と人間の関係について考察を広げていく。それが「よのなか」科の目的です。

最大の特色は大人と子供が一緒に学ぶスタイル。テーマについて知識や経験のある地域の大人たちをゲストとして教室に招き、子供たちに問いかけ、ともに議論していきます。大学生、定年退職した元会社員、塾の講師、時にはホームレスの人に来てもらったこともあります。大人が子供に教えるのではなく、ともに学び合うスタイル。いわば社会に向けて開かれた「出島」のような存在として機能しました。

「自殺は是か非か」

「100円のハンバーガーは高いか安いか」

「自分のお母さんが望んだら、安楽死を選択できるか」

といったテーマには、当然ながら答はないのですが、だからこそ意味がある。成熟社会に入った日本では、万人に共通する唯一の正解はないからです。

もはや過去の正解を暗記しても仕方がない。答がない問題について、人に話を聞き、情報を集めて、自分なりに考えたり、その考えを異なる視点から見つめ直したり、他人の意見を取り込みながら試行錯誤するプロセスが大切なのです。

教育は大人に対しても必要

　これからの時代、与えられた問題に、教えられた正解を返すだけの子供は弱い。一方で、経験したことのない問題にぶつかっても、間違いや失敗を恐れず、自分自身が納得できる解答を探せる子供は強い。これは大人も同じです。

「それぞれ一人一人」の時代に急速にシフトしていくと、人々の価値観がますます多様化していきます。隣に座っている人のカルチャーは、自分と180度違うかもしれない。それでも勇気を持って意見交換ができる能力が必要となるのです。

　まずは相手の話を見聞きしたままに受け取るのではなく、客観的、分析的に理解することが大切です。

　一方で相手の意見を受け入れる柔軟性も求められます。もし、いい意見だと判断したら、言葉は悪いですが〝パクって〟自分のものにする。消化した上で、さらに自分流のオリジナルな意見を展開していく。そうしたプレゼンテーション技術が重要になってきました。

　この「クリティカル・シンキングを中心とした論理的思考」と、「相手の意見を聞きながら自分の意見を取り入れてプレゼンテーションする技術」こそが、［よのなか〕科で子供たちに学んでほしかったポイントであり、同時にこれからを生きる大人の読者にも必要不可欠なスキルです。

しかし、「この二つの能力を併せ持った人はほんの一握り」と言わざるを得ません。

たとえばMBAコースを受講できるような人であれば、様々なケーススタディをテーマに徹底的にディベートする機会が豊富に与えられるので、論理的な思考力が短期的に高まるでしょう。

ただ、そんな恵まれたポジションにいられる人はごく少数。多くはテレビのニュース解説を無批判に受け入れているのではないでしょうか。お茶の間評論家が不案内なはずの国際問題まで解説しているのに違和感も覚えず、「なるほど」と納得しているのが実情です。

でも、心配しないでください。もし、あなたが35歳であれば（実年齢がもっと上でも、35歳レベルのみずみずしい感性を持っているのならば）、まだ十分に間に合います。

まずはテレビのコメンテーターの言説を批判してみましょう。彼らの意見は本当に正しいのか。右と言われたら、左から観てみる。前だけ見せられたら、裏からどう観えるか考える。自分だったら、どのような意見を展開するのか。しっかりと考えるのです。

新聞も雑誌も、ただ読んでうなずくのはやめにしましょう。報道されている事実の裏側を想像する。そして、あらゆることに対して、たとえ稚拙でもかまわないので、自分自身の意見を持つことです。

その意見を持って、今度は他者と交わってみる。意見を交換して修正していくのです。

議論するための場は、地域社会が一番だと思います。職業も年齢も性別も違う、たくさんの人と交流することで、プレゼンテーション能力が高まり、同時にあなた自身の意見も洗練されていきます。もし、子供がいるのならば、地元の小中学校のコミュニティに参加するのがおすすめです。

それでは50代、60代の人はどうか。おそらく当人は「もう人生の〝あがり〟だ。時代は変わっているかもしれないが、すべり込みセーフ。自分たちは旧来のやり方で生きていくよ」と思っていることでしょう。

しかし、「あがり」に到達したのは企業人としての人生であって、社会人としては、まだこれから30年、40年と生きていかなければなりません。この事実は覚悟しておいたほうがいいでしょう。

女性の場合は熟年になっても柔軟であることが多い。わりと「それぞれ一人一人」

になる準備運動ができているんです。50代、60代の女性は、友人との旅行を企画して余暇を楽しんでいます。習い事をたしなむ人も多いし、町内会やPTAなど地域社会の中で何らかの役割を担っている。あるいは、地元の中学校の校庭を利用したテニスサークルに参加するなどして独自のコミュニティを作っていたりする。他者とともに日々を楽しむことが上手です。

危険なのは、これから名の通った会社を辞めることになる男性です。これまでは企業人の論理、上司の論理を押し通せば良かったかもしれませんが、地域社会には実に様々な価値観を持った人たちが暮らしています。そこでは相手の意見を受け入れながら会話を展開していくプレゼンテーション能力が不可欠。もう「名刺」は通用しないのですから。

そう考えると、「よのなか」科を最も必要としているのは、実はこの世代なのかもしれません。

05 自ら劇場を作り、自ら演じよ

もはや大舞台の時代は終わった

成長社会では、みんな一緒に大きな舞台に参加することができました。演劇のタイトルは、

「戦後の復興ジャパン」

「みんな一緒にもっとたくさん」

といったものがふさわしかったのだと思います。80年代は、

「高い土地、みんなで買えば怖くない」

という演劇も上演されました。経済的な成功を求める人たちが、我も我もと舞台に上がろうとしました。

こうした演劇は極めて大規模だった。出演者は1億人の日本人。みんなで盛り上が

って、お祭り騒ぎを演じてきました。

現在はどうでしょうか。サッカーのワールドカップやワールドベースボールクラシックでは、多くの日本人が同時に熱狂しました。しかし、それらは一過性のものですし、これからさらに盛り上がっていくとは考えにくい。

もし、東京オリンピックが実現すれば、一時的に国がひとつになるのかもしれません。「みんな一緒」の時代の集大成《フィナーレ》。だいぶ前に都知事が「最後のオリンピック」と言ったのもうなずけます。

それでは政治ならば、全国民が参加できるような新しい演劇を提供できるでしょうか。舞台の演出家とも言うべき総理大臣を見れば一目瞭然です。私たち国民は「安倍晋三さんは若くて頼りない」「福田康夫さんは夢がない」「麻生太郎さんは日本語ができない」といちいち文句をつけて楽しんでいますが、これは仕方がないことなのです。

たとえば吉田茂は戦後の混乱期にあった日本を「戦後復興」という物語を提示することで再生しました。池田勇人は「所得倍増計画」で、田中角栄は「日本列島改造論」を唱えて国民を舞台に引き上げました。これと同じようなことが、現在の日本でできるでしょうか。まず無理でしょう。

それに、映像メディアを無視できない現代、テレビに出演してしまうと、能力が低いことがすぐにばれてしまいます。

大物になると過去のスキャンダルが暴かれるので、リスクを冒さずに育ってきた二世が跡継ぎになる。チャレンジには失敗がつきものです。失敗をしてもすぐにリベンジできればいいのですが、現在の国のシステムでは難しい。「失敗しなかった人」＝「チャレンジをしなかった人」なので、小粒になっていくのは当然なのです。

国がそういうシステムを作ってきた。だから私は一人の日本人として、総理大臣に今以上の期待をかけないほうがいいと思います。

政治家に限らず、経営者や教育者にも同じことが言えます。

「それぞれ一人一人」の時代には、たとえ総理大臣であっても大興行は打てません。国という劇場で上演される演劇よりも、個人の周辺で起こる演劇のほうがおもしろくなってしまったからです。

劇団「ひとりひとり」

現在は、劇場も演出もタイトルも、すべて自分で決める時代です。自分という人生の主役を、自分の手でいかに動かすか、が問われる時代になった。

今まで肩書きで何とか生きてきた人びとも、自分の手であらためて劇場を設定していかなければなりません。タイトルだって、これまでのような、「平々凡々サラリーマン人生」「退職金でマイホーム」では誰も見向きもしてくれません。

自分自身が主人公を演じる演劇をおもしろくするためには、学校教育ではディベートやロールプレイング(演劇)を取り込んでいくべきですし、大人になってからも、クリティカル・シンキングとプレゼンテーション能力を向上させなければならない。人生という名の舞台を演出するための最大の武器は、コミュニケーション能力に他ならないからです。

ともあれ、国が打ち出す演劇には、そんなに期待しないほうがいい。国が舞台を用意してくれたり、スポットをあててくれたりすることは金輪際ないと覚悟しましょう。会社も舞台を与えてくれるわけではありません。「年功序列と終身雇用物語」はすでに幕が引かれました。会社はもはや舞台の書き割りの一部。それを生かすかどうかは個人の選択によるのです。

そう、リクルートが社訓として掲げてきた「自ら機会を創り出し、機会によって自らを変えよ」というスローガンが、今や誰にも必要なテーマになってきました。自分で機会（劇場）を作らないと、人生を上演できない時代になってしまったのです。

もちろん、自分で劇場を借りて、自分でシナリオを書き、演出して、主役を演じるのですから、これはなかなか大変です。国が筋書きを作ってくれる劇に、なんとなく参加していればよかった昔と比べれば、知恵も想像力も馬力も必要になるでしょう。

しかも、失敗したら責任は自分で負わなければなりません。すべて自作自演ですから、誰のせいにもできない厳しさがあります。

ただし、はっきりと言えるのは、自らの人生、自分で仕切ったほうがおもしろいに決まっているということ。すべて自分で決断していくのですから、リスクがあるぶんだけ、今という瞬間が豊かになり、日常が活き活きと輝きます。

それに失敗したってたいした痛手ではありません。確かに国立劇場での興行が大失敗すれば、多くの人に迷惑がかかるし、大騒ぎになるでしょう。しかし、個人が営む小劇場です。失敗はかえって人生という演劇をおもしろくするためのネタになる。そもそも、何度でもやり直しがきくのですから、あまり心配する必要はありません。

それぞれが「劇団ひとりひとり」として、オリジナリティの高いユニークな演劇を演じている。そんな日本になるとしたら、なんだか楽しくなってきませんか。

06 「働き方」ではなく「生き方」が問われる

あなたはどこから来て、どこへ行こうとしているのか?

「あなたはどこから来て、どこへ行こうとしていますか?」

私は一緒にプロジェクトに取り組む人に、決まってこう質問します。初対面の相手ですから、何か共通項を探したい。その人のこれまでの人生や、描いている夢について聞けば、必ずどこかに「ビンゴ!」という部分があるのです。逆に言えば、相手の人生の背景を知らないままで、一緒に仕事はできません。

ところが、人から同じような質問をされた経験は、残念ながらほとんどありません。とくに学校の関係者は100%と言っていいくらい尋ねてこない。職業上、自分が教える役なので、相手に質問するのが苦手なのかもしれません。

会社員もそうです。名刺を交換して会社名を確認し合って安心してしまう。でも、社名だけでは、相手の性格、能力、趣味、嗜好などはほとんどわかりません。

プロジェクトを始める前に、

「その人はどんな気持ちで取り組もうとしているのか」

「これからどのように成長していきたいのか」

を理解できれば、互いの仕事のクオリティが上がることは間違いありません。それなのに、多くの人たちは肩書きだけで相手を知ったような気になってしまうのです。30分ほど話を聞いていると、どこかに自分との接点が見えてきます。35年も生きていれば、誰でも本1冊分くらいのライフストーリーは持っているし、40代、50代ともなれば、話し切れないほどのエピソードを抱えているはずでしょう。

私の経験上、相手のライフストーリーを聞いて、接点がひとつもなかったことはありません。

「パートナーの故郷が同じだった」

「息子の趣味が同じだった」

「企業人として同じ悩みで苦しんだ時期があった」

といったように、どこかしら共感できる部分が見つかるものです。

余談ですが、勝間和代さんと初めてお会いした時、お互いにメニエル病を経験したことがあるとわかって、抱き合いたいくらいに親密さを感じました。もうそれ以上、会話を続ける必要はないと思えるほど、共感しあえたのです。

これからの時代を生きる人には、ぜひ自分のライフストーリーを語ってほしい。そして、相手の人生に興味を持って、どんどん尋ねてほしいと思います。

共感する力で相手のふところに飛び込め

これは若い営業マンによく見られるのですが、プレゼンテーションの時に、自分や会社のことを話しすぎてしまう傾向があります。

与えられた時間が1時間だとすれば、自社のことや商品についての説明は最後の最後でいい。相手の話をじっくりと聞き、その内容を踏まえて、ツボを押さえた5分間のプレゼンテーションで決めるのです。

私がサラリーマン時代に営業で結果を出すことができたのは、人の話をよく聞くようにしていたからです。「ふところに飛び込む」という表現があります。話を聞きながら、相手に共感し、失敗談などマイナス面の情報まで聞き出せるか。そこが営業の最大のポイントだと考えていました。

たとえば大企業にプレゼンテーションする場合、相手は部長、課長、担当のそろい踏みであることが多い。こちら側も同じ陣容で臨むのですが、部長は部長同士、課長は課長同士で話をします。担当レベルは「なるほど」と適当な相づちを打っているだけ。本当はつまらない時間です。

私は帰り際に必ず担当者に「近いうちに直接お話がしたいので、お時間をいただけますか」と話しかけるようにしていました。早ければその日に、遅くても1週間以内に出向いて、1対1で話を聞くのです。上司がいませんから、こちらが真摯《しんし》な気持ちで尋ねると、担当者は実に様々なことを話してくれます。

仕事のこと、人生のこと、家族のこと。そして、「娘の受験がもうすぐなんです。でもなかなか成績が上がらなくて……」と語ってくれたらしめたもの。そこに共感できれば、二人の間には強い連帯感が生まれます。

この共感こそが、現場を動かしていくエンジンになります。決裁権を持っているのは部長かもしれませんが、味方につけるべきは現場の担当者。その人といかに人間的な関係を結ぶかが、実はプレゼンテーションのカギです。仕事の現場でプライベートな話なんてできない、と思っているのなら、今すぐその常識を捨ててください。

「仕事の話をする前に、まずはライフストーリーを交換し合うのが新しい常識」というくらいに考えてほしいと思います。

この場合でも、女性は比較的柔軟です。「あなたのライフストーリーを聞かせてください」と言うと一瞬とまどいますが、多くの人がすぐにうち解けた雰囲気になり、子供の頃の話から現在に至るまでを楽しそうに語ってくれます。

男性は同じように質問しても、どうしても仕事の話が中心になる。あまりにも偏っていると、

「そんなことを聞いているのではなく、少年時代、結婚した頃のことや、これから個人的にどんなことをやってみたいかを尋ねているんですが……」

と軌道修正しようとするのですが、すぐに仕事の話に戻ってしまう。これでは会話自体がおもしろくありませんし、ともに仕事をやっていこうという気も起こらない。

小学校、中学校、高校の朝礼を思い出してください。ステージの上で校長先生が話をしますが、それが「おもしろかった」という記憶がありますか？　全然つまらなくて、「早く終わらないかな」と思っていたのではないですか？　今現在、たったひとつのエピソードさえ思い出せないことが、その証拠です。

理由は、多くの校長が自分の言葉で語っていないからです。「訓話マニュアル」といった本に頼ったり、先輩校長が、自分の訓話を印刷して後輩の校長に渡すこともあるんです。

そんな〝あんちょこ〟からネタを引っ張り出して話すのですから、気持ちがこもるはずがありません。当然ながら生徒はそっぽを向きますよね。

しかしこれが、先生が実際に体験した話であったり、世の中で起こっている時事ネタを先生独自の視点で分析したりすれば、生徒たちはぐっと興味を持つはずです。

個人のプレゼンテーションもまったく同じです。自分のことを、自分の言葉で喋ること。同時に相手を組織の一員としてではなく、独立した個人と捉え、そのプライベートストーリーに耳を傾けること。そのことなしに円滑なコミュニケーションは生まれません。互いに学びもなければ、仕事の成果もあがらないでしょう。

相手を知ることでプレゼンのツボを探る

ヨーロッパに住んでいた頃、あるユダヤ系ビジネスマンを紹介してもらうことになりました。少しでも相手のことを知りたい。そう思った私は日本に帰国した時、旧約聖書を買うために書店に赴きました。

しかし、分厚い聖書を手に取ると、どうしても読む気が起こらない。はっとひらめいて、マンガで旧約聖書が紹介してある本を買い、飛行機の中で熟読することにしました。

実際にユダヤ系の人物と会った時に、私はすかさず「つい最近、旧約聖書を読みました」と言うと、相手の態度が急激に変化しました。まるで兄弟のように打ち解けることができたのです。

おそらく「なんとか相手を理解し、自分を理解してもらおう」という私の心意気を気に入ってくれたのだと思います。相手が自分と会話を交える時にどれだけ真剣になってくれているか。これは、非常に重要なポイントですね。

以前、作家の重松清さんとお会いする機会があったのですが、その際にも「重松さんの作品はすべて読みました」と本人に言いました。

作中の中で「この言葉は重松さんの想いを主人公に言わせているのだな」と思った箇所を三つほど暗記して会話に臨む。そこまで準備をして自分に会いにきた人を無下にするはずがありません。会って間もないのに、すぐに私は彼と一緒に仕事をする約束ができました。

ところが、初回の面会の折、そうした準備をまったくしない人がほとんどですね。これまで数え切れないほどの人と会ってきましたが、自分という人間を、そんなふうに私に売り込んで来た人は本当に少ない。それが現実です。

肩書きを外した自分は何者か？

私は企業の人事部から依頼を受けて、社員研修を手がけることがあります。

第一の研修は自己紹介です。もちろんただの自己紹介ではありません。

(1) 名刺交換はしない。

(2) 仕事やセクション、役職の話もしない。

という条件で、相手に印象を残せるように、相互にプレゼンテーションをしてもらうのです。

これが、みな、なかなかうまくできません。

「どんなふうに自分を表現していいかわからない」

「自分のことと言うけれど、いったいどこから話し始めていいのか」

「そもそも自己紹介なのに、相手に尋ねてもいいものなのか」

みなさん、ずいぶん迷うようです。研修を通して初めて「普段、いかに自分が組織の傘の下に隠れているか」に気づく人が多い。実は個人モードで話をするには、一定の訓練が必要なのです。

と言っても、何もカルチャースクールに通う必要はありません。最も安上がりで効果が高いのが、地元の小中学校のコミュニティに参加することです。

子供たちにとってはあなたの肩書きなど、まったく価値がありません。ビジネスの世界だけで通用する常識は、当然ながらまったく効力がない。子供たちは肩書きを外したあなた、素のあなたをシビアに評価してくれます。

野球やサッカーを上手に指導できれば、尊敬を集めることができるでしょう。教師とは違ったユニークな視点や方法で勉強を教えてもいい。行事に参加してお笑い芸人顔負けの司会で場を盛り上げるのもいいでしょう。

レモンさんこと山本シュウさんをご存じでしょうか。彼は大阪のラジオパーソナリティですが、ある時、自分の娘の通う学校を訪れたところ、ほとんど交通事故のような偶然でPTA会長になってしまったのだそうです。

就任後の最初の挨拶で「子供たちに何とかしてウケよう」と考え、レモンのかぶりものをかぶって登場しました。もちろん大ウケです。瞬く間に人気者になり、教育界のオピニオンリーダーの一人になっています。

子供たちに道徳を説いても、「べき論」を語っても何も伝わりません。もちろん、大企業の社名が入った名刺を出しても、「私がPTA会長だ。偉いんだぞ」と言ってみても効果はない。小学校1年生から6年生を相手にするのは、10代から60代の幅広い聴衆を前にするのと同じです。山本さんはそのことを敏感に感じ取って、建前ではなく自分自身を打ち出したのです。しかも、自分の言葉づかいで。

レモンのかぶりものをして子供たちの面前に出て行くのはある意味、大勝負だったと思います。「もし子供たちが引いたらどうしよう」と不安もあったはずです。

しかし、そもそもコミュニケーションとはリスクのある投資です。リターンを大きくするためにはリスクを犯すことも必要。生ぬるい言葉や態度では関心は集まりませんし、一言えばみんなが十のことを理解してくれることもありません。コミュニケーションは他者とどのように縁を結ぶかの真剣勝負なのです。山本さんの場合、小学生といかにして善い縁を結ぶのかを考え抜いた結果が、レモンのかぶりものだったのでしょう。

私が和田中学校に赴任した時、隣に建つ和田小学校の校長は、横山正という東京学芸大卒の、絵に描いたような正統派の校長先生でした。

ところが、来賓として招かれた入学式で、私は彼の意外な一面に出会うことになります。祝辞を述べるために上がったステージで、なんと手品をはじめたのです。

まずは手を触れずにハンカチを動かす簡単な手品で、子供たちの心を掴みます。次に3本のロープを手に取り、ぱっと手を離すとひとつの輪になっているという手品。

どちらもデパートのオモチャ売り場で簡単に手に入る典型的なマジックですが、子供たちは大喜び。

横山校長は子供たちの笑顔を満足そうに眺めると、その輪を手にしたまま壇上から降りて一言、

「みなさん、和（輪）が大切なんですよ。仲良くしましょうね」

と優しく語りかけたのです。新1年生は、早くも校長先生に釘付けでした。

このような振る舞いができるように、ぜひ30代から自分自身を磨く訓練を始めてください。ポイントは自分を知らない人たちで形成されているコミュニティに参加すること。価値観を共有できる人が多い場所は避けてください。

その意味では「趣味の集まり」はだめ。意気投合し合える間柄には緊張感がありません。傷つけ合うことになるかもしれないというリスクがまったくないので、鍛えられないのです。

やはり、おすすめは積極的に地域社会のコミュニティに入っていくこと。安上がりで、かつ大きな効果が得られる最高の道場だと思います。

Chapter

2

戦　略

戦略的
ライフプランニング
のすすめ

07 10代集中、20代夢中、30代五里霧中

集中力とバランス感覚が基礎になる

人間にとって必要な力を「忍耐力」「想像力」「精神力」「学力」などと挙げていけば、すぐに100を超えるでしょう。この中で10代の終わりまでに身につけておくべき力は何か。私は「集中力」と「バランス感覚」の二つだけでいいと考えています。

まず集中力ですが、集中する事柄は何でもかまいません。これらは計算力を高めるための100マス計算でもいいし、読書でもいいし、ピアノの練習でもいい。これらは計算力を高めるためでも、読解力を身につけるためでも、音感やリズム感を高めるためにするものでもありません。何かひとつの物事に集中する癖をつけるために取り組ませるのです。

私はたくさんのビジネスパーソンに出会ってきましたが、これまでに、「集中力はビジネスの世界に入ってから鍛えました」

という人に会ったことがありません。成功する人は、子供の頃に何かしら集中した経験があります。

もうひとつはバランス感覚です。これは左右の均衡だけを指しているのではありません。たとえば「自分と地面」「自分と家族」「自分と友だち」というように、世の中全体と自分との的確な距離感を保つ訓練をするという意味です。

近頃は地面のほとんどがコンクリート化してしまい、土の温もりを感じられるような場所が少なくなりました。まして、子供が転ぶと母親が飛んできてすぐに手を摑むものだから、地面の上で転ぶことすら知らない子供がたくさんいるのです。

上手な転び方を学ぶ機会がないので、いざ転んだ時に手をつかずに顔面から転んでしまう。冗談みたいですが、学校の現場で実際に起こっている話です。

同様にバランス感覚が悪い人は、人付き合いが苦手です。友人とはベタベタなのに、そうでない人にはまったくと言っていいほど寄りつかない人がいます。人間関係に「0」か「1」しか求めないような人。同種の友人とだけ仲良くするより、適度に距離感のある100人と付き合ったほうがいい(断っておきますが、障がいのある子の場合は別の話です)。その意味では、学校は絶好の訓練の場です。

集中力は勉強だけでも身につきますが、バランス感覚は、遊びの中で身につくことが多い。私が「遊びも一所懸命に」と提唱しているのはそのためです。

この集中力とバランス感覚さえ持っていれば、将来何に興味が向いたとしても自分のものにできる。10代で集中力とバランス感覚を獲得することによって、あらゆることを学ぶ基礎ができたことになります。

20代は1000本ノック、30代は迷え

20代は仕事を通して夢中になれることを見つける時期。どんな経験を積むのかを決めて、とことん打ち込むことが大切です。

私にとっては「営業」と「プレゼンテーション」でした。とにかく場数を踏んで、雰囲気とコツを掴まなければ上達しません。さらには1000本ノックをひたすら受けて、それでも立ち上がる強さが必要です。

人生指南系の書籍で人気が高い作家、中谷彰宏さんは、なぜあれほどの数の著作を世に送り出すことができるのか。彼は大学を卒業後、大手広告代理店の博報堂に入社するのですが、そこで先輩に「おい、『帯に短し襷《たすき》に長し』と同じ意味の言葉を100本作れ」といったようなお題を出されることが日常茶飯事だったそうです。

それが彼の〝1000本ノック〟になった。作家として活動するようになってから

は、ひとつのコンセプトを多方面から分析し、切り口を変えながら繰り返し書き表すことができる能力として開花しました。その能力は20代の時に受けた、先輩からの1000本ノックの賜物と言っていいでしょう。地道な訓練を継続したからこそ、結果として大ベストセラー作家になれたのです。

20代はとにかく「これだ」と決めたらとことん打ち込むこと。まず一つスキルを体得するまたとない期間です。

30代は迷ってもいい時期だと思います。20代のがんばりによって、一定のスキルは身についた。さて、ここからどうするか。しっかり考えるべき時です。

ここで決めた方向性は40代、50代と続きます。40代以降、人生の方向性をコロコロ変えるのは得策とは言えません。30代はこれからの数十年を見据えながら過ごす期間だと認識してください。

もちろん、「迷っていい」と言っても、30代のうちに決めておかなければならないこともいくつかあります。

最も大事なのは、「自分の技術とは何なのか」について自身と向き合って話してみることです。その技術は会社の外でも通用する普遍性を持っているか。十分に磨き上げられているかを、しっかり検証してください。

もうひとつは会社以外に打ち込めることを見つけること。40代、50代と続けていけそうなテーマであり、仕事で培ったスキルと合体させると大きなパワーが出るような事柄を選ばなければなりません。

たとえば20代は旅行代理店に勤めて、知識と技術をしっかり身につけてきたとしましょう。30代になったら、仕事はもちろんこれまでと同様に真剣に打ち込むのですが、同時に昔から好きだったことについても深く勉強してみる。ケースとして、「犬」に強い関心があったとします。

だったら、犬について本格的に学ぶ方法を考える。ブリーダー養成講座に通ってもいいし、通信教育を受けてみるのも手です。場合によってはブリーダーに転職して5年間修業してみるのもいいでしょう。

二つの職業（テーマ）で1000本ノックを受けたら、ツアーコンダクターとブリーダーの接点に「犬好きの人を対象にしたツアーを企画する旅行会社」という新しい仕事が見えてくるかもしれません。

自分で新しい仕事を作るというと、とても難しいようですが、現に20年前にはネイルアーティストやアロマセラピストなんていませんでしたから、そんなに珍しいことではないのです。

美容師として一流になるには、原宿など都心部で店を構えるようになるまで努力をしなければならないので大変です。漫才師もなかなか芽が出ずに厳しい下積み時代に耐えなければなりません。しかし、漫才ができる美容師がいたらどうでしょう。私は、絶対に人気が出ると思います。これからの時代は「二つ、もしくは三つの仕事を混ぜる」ということも視野に入れていくべきだと思います。

私は37歳の頃「40代、50代になった時に自分はどんな仕事がしたいのか考えてみよう」と思ってヨーロッパに赴き、成熟社会をつぶさに観察してきました。そして「教育」「住宅」「介護を中心とした医療」「組織を超えた個人と個人のネットワーク」の四つを、今後のテーマに絞ろうと思い、リクルート社のフェローとなって6年間追いかけました。

その中で「教育が最もレバレッジが効きそうだ」と考え、教育の世界を中心として生きていこうと決めました。

ただし、会社を起業して教育の世界を変えようとすると、どうしても受験寄りになってしまう。それでは日本全体の学校教育を変革することにはつながりません。だったら、つべこべ言うよりまずは現場に入ることだと考えました。しかもリクルートとはまったく違う土俵で、自分の営業力、プレゼンテーション力をフルに活用できる仕事でなければならない。この難問の答が「中学校の校長」だったわけです。

普通に考えれば実現が難しそうなテーマについて、私は37歳の頃からかなり戦略的に考えていたのです。

10代で基礎を固め、20代で何らかのスキルを獲得し、30代は40代、50代をどう生きるのか模索する。人生の大まかなアウトラインは必要ですが、私は走りながら考えてもいいと思っています。

なぜなら「それぞれ一人一人」の時代、答は自分で見つけだすしかないから。

もはや、誰にでも通用する「正解」など、なくなってしまったのです。

08 正解主義を捨てて修正主義の人生戦略を

「正解」はない。「納得解」を探せ

成長社会で重視されたのは「正解」を導き出す力でした。IEA（国際教育到達度評価学会）のTIMSS（国際数学・理科教育動向調査）型学力と言い換えてもいいでしょう。「読み、書き、ソロバン」の速さや正確さ、あるいは「正解」を暗記して、テストで再現する能力を評価するもので、「情報処理力」を測るものです。

もちろん計算や暗記といった「情報処理力」は基礎として大切なのですが、それだけでは成熟社会に対応できません。新しい時代に求められるのは、「正解」ではなく、「納得解」を導き出す力です。

「納得解」とは、自分が納得でき、かつ関わる他人を納得させられる解です。成熟社会の構成員は「それぞれ一人一人」ですので、万人に共通する唯一の正解なんてありません。誰もが仕事や暮らしの中で試行錯誤しながら、自分自身が納得できる解を求めていくしかないのです。

この傾向は、OECD（経済協力開発機構）が始めたPISA（国際学習到達度調査）型学力に対応しています。PISAではそもそものルールを疑ってみたり、前例を否定的に見ながら問題にアプローチしたりする能力が評価されます。「情報処理力」に対して「情報編集力」と言っていいでしょう。

これからの時代に必要とされるのは「納得解」であり、「情報編集力」なのですが、学校教育で植え付けられた『正解主義』は思ったよりも強力です。なんとかこの呪縛をはずさなければ、成熟社会を生き抜いていくことはできません。

実際に社会人になると、「1＋2＝3」といった明快な正解がある問いなど、ほとんどないことがわかるはずです。日常的に突きつけられる問題の多くには一般解がありませんし、今後そうした問題がますます増えていくことは確実です。

たとえば5年前にベストセラーになった本と同じ内容の作品を今出版したとして、ヒットするでしょうか。単に、装丁を変えて「改訂版」として売り出しても、ほとんど売れないでしょう。時代の変化はそれくらい激しいのです。

それでも学校で『正解主義』を叩き込まれた世代は「どこかに正解が必ずある」と

思ってしまう。だから「エルメス」や「グッチ」や「ルイ・ヴィトン」のように完成品としてデパートに売っているものの中からしか選ぼうとしません。

「納得解」を求めるのであれば、自分のブランドを立ち上げればいい。実際、私はオリジナルの腕時計を開発しました。それが私にとっての「納得解」だったからです。

情報処理型の学力だけでは、こうした発想は生まれません。前例を踏襲することや、もともとあるルールを守っていくことが情報処理型学力の前提条件だからです。

一方、「納得解」を求める情報編集型の学力では、前例を根本から疑ってみる能力でアプローチしますから、これまでにない製品やサービス、生き方を生み出す可能性が高い。これからの時代、どちらの能力がより求められるかは明白です。

若者が転職し続ける理由、結婚しない理由

転職を繰り返す若者が増えています。

晩婚化が進んでいます。

まったく関係のないように思える二つの傾向が、あるキーワードでつながります。

それは「本当の自分」。

以前、「自分探し」という言葉をよく耳にしました。本当の自分を探して、旅に出

たり、仕事を変わってみたりする方法です。

それでは、いったい「本当の自分」とは何でしょうか。今ここで現に生きている自分とは別に、どこかに「本当の自分」が隠れているとでも言うのでしょうか。はっきり言いましょう。本当の自分なんて幻想です。

目の前の仕事はつまらなかったり、辛かったりします。その時に「こんな仕事をしている自分なんて、本当の自分ではない。もっと他に自分らしく、好きなことだけに熱中できるような職業があるはずだ」と考えるから、自分で選んだ職場を簡単に辞めてしまう。

客観的に見れば、その人にとっての「理想的な職場」などありません。本当の自分と同じで、あくまで幻想です。もし、理想的な職場が実現するとしたら、それはその人自身の力で現状を改革する努力を続けてきたからでしょう。それでも「問題はゼロ。ストレスはまったくない」という状態には決してならない。そんな状態になったとしたら、それは向上心を失ったという意味です。

なかなか結婚をしない人たちの多くは、「どうにもタイミングが合わなくて」と言います。これも本音でしょう。

ただ、その言葉の奥に、「きっといつか、私にぴったりの人に出会えるはずだ」という考えがある。運命の人。赤い糸で結ばれた相手。白馬に乗った王子様。言いにくいことですが、これもまた幻想です。

「本当の自分」も「理想的な職場」も「自分にぴったりの結婚相手」も、すべて『正解主義』の産物です。求めたらチーンと音がして、正解が転がり込んでくればいいのですが、そう簡単にいかないのが現実なのです。

だったら、「正解」ではなく「納得解」を探さなければならない。今の自分が気に入らないとしたら、どうしたら弱点や欠点を克服し、変化していくことができるのか。辛いこともあるだろうけれど、その職場で自分を表現したり、成長のために学んだりすることはできないのか。目の前の相手の良いところを認め、ともに人生を歩んでいく可能性を見いだせないか。それらの問いに対して、「納得解」を見つけ出していけばいいのです。

幸せの青い鳥を探して旅に出たチルチルとミチルが青い鳥を見つけたのは、普段自分たちが暮らしている家の中でした。幻想を追いかける時間があったら、まさに今、ここにいる自分自身をしっかり見つめてください。

迂遠《うえん》なようですが、それが「納得解」にたどり着くための近道なのです。

09 サバイバルするための武器と仲間を持て

継続したものが本当の武器になる

これからの時代を生きていくためには、その人固有の武器が必要です。いったいどんな武器がいいのか。残念ながら、この問いに対する「正解」や「一般解」はありません。

本当の闘いであれば、殺傷力の高い武器を持ったほうが有効でしょう。しかし、人生の場合は、戦闘機より素手のほうが強い、ということもあり得ます。「どれが自分に合うか。打ち込めそうか」を基準に選べばいいと思います。

最悪なのは「どの武器を選べばいいかわからない」と言うばかりで行動しないこと。だったら、まずは目の前のことに集中すればいいのです。どこかに「自分にぴったりの武器があるはず」といった考えは幻想に過ぎません。どんな武器も長年使いこなし、鍛錬してこそ手に馴染んでくるし、効果も高まるもの。

35歳であれば、もう10年以上仕事を続けているわけですから「何も身についていません」なんてことは絶対にあり得ません。すでに何らかの武器を獲得しているはずなのに「これから新しい自分探しの旅に出る」なんておかしいし、もったいない。

実際は余計な成功体験やスキルがくっついているので、その部分をそぎ落とす作業こそ重要なのです。その上で残ったものが、あなたの武器。そこに従来の10倍のエネルギーを注げば、人生はますます有意義に開けていきます。

メディアファクトリーという出版社の立ち上げに参加した時のことです。各界の著名人と対話する機会が飛躍的に増えたのですが、大きな問題がありました。私の知識の幅が狭いので、なかなか話がかみ合わなかったのです。

最大の原因は読書量の少なさでした。私自身はとくに本が好きだと言うことでもなかったのですが、出版社の設立に携わってしまった以上は勉強するしかありません。さっそく「1年間で本を100冊読む」という目標を立てました。

通勤で利用していた井の頭線と銀座線の満員電車に揺られながら、何とか文庫本を開く。家に帰ったら、どれだけ酔っていても、意地でも本を開きました。会社からの帰りの電車で重松清さんの小説を読み、思わず涙を流して恥ずかしい思いをしたこともあります。

ともあれ、何が何でも読むしかない。空いた時間に本を読むことを続けていると、少しずつですが、効率的にスピーディに読めるようになっていきました。

今ではそれが習慣になってしまい、年間150冊ほどの読書を20年以上続けています。この蓄積は、間違いなく私の武器と言っていいでしょう。ビジネス誌に書評を寄稿するまでになりました。

ろくに本を読まなかった私が、ある意味では自然の成り行きに任せて始め、知らず知らずのうちに続けたものが固有の武器となったのです。その意味では「続ける」こともひとつの技術なのです。

「ウミウシ」を専門分野にできるか?

航空会社に勤務している知人は、通勤に片道2時間を費やしていました。この時間を何とか有効に活用できないか、と考えた彼は読書を選択します。

ここまでだとごく普通なのですが、ちょっとだけ人と違ったのは片道1冊、往復で2冊読破すると決めたこと。そして、書籍の内容をその日のうちにブログにアップし続けた点でした。

1年間で400冊以上の書評を書く人なんて、なかなかいません。地道に継続していたら、3年目にしてそのブログがブレイクし、大変な人気になりました。会社でも書評ブログが話題になって彼自身の株が上がり、出世にもつながったそうです。

現在は誰でも自分のブログを持てる時代になりました。日常を綴ったり、不満を吐露したりと、癒しの場として活用するのもけっこうですが、せっかくなら自分の技術を磨く場として活用してはいかがでしょうか。

ネットの世界では「名刺」や「肩書き」が、ほとんど効力を持ちません。逆に無名であっても、大きなバックがついていなくても、おもしろいコンテンツであれば多くの人の注目を集めることができます。大の猫好きが「YouTube」にアップした猫の動画が15万ヒットを獲得したという話など、今や珍しくなくなった。おもしろい時代です。

「まさか」と思うようなマイナーな存在、ニッチな存在が一躍注目を集める。そんなコミュニティはこれまで存在しませんでした。

「それぞれ一人一人」の時代に、インターネットはさらに大きな力と意味を持ち始めます。現在はブログからライターや小説家が誕生していますが、そのうち詩人や写真家もネットのコミュニティから出てくるでしょう。

また、従来は「オタク」とか「フェチ」などと揶揄されていたような人たちにもスポットが当たるようになる。これからの時代はますます多様化し、専門化していきますから、たとえば「シャープペンシル評論家」が成立するかもしれない。ダンゴムシが好きな人も、突き詰めていけばネット上で学者になることが可能です。魚が大好きな青年が、そのピンポイントの能力だけで多くのメディアに出演していることも象徴的ですね。

ここで大切になるのは、オリジナリティです。

もちろん、今からイチローを超えようとして大リーガーを目指してもいいのですが、既製のカテゴリーで勝負する以上、厳しい競争は覚悟しなければなりません。すでに誰かが追いかけている分野であれば、それがいくらニッチに思えたとしても1000人、2000人のライバルがいると考えたほうがいい。

基本的には自分の好きなこと、興味を持てること、かっこいいと思えることを追求すればいいと思います。「それが自分の幸福につながる」「そのことをしていると（考えていると）幸福を感じられる」と思える事柄です。

それがもし、同好の士が見つからないような分野であれば、大化けする可能性を秘めている。オリジナリティの高いものは、つまり「他に例のないこと」ですから、なかなか人にわかってもらえません。人は誰かに認められたいので、ついつい平凡なほうへと流れがちです。

でも、そこで踏ん張ってほしい。

昭和天皇はウミウシを研究していたからかっこよかったのです。探すなら、そういうものを探しましょう。

「コミュニティ」がなければ個性もない

持てる武器は個性的なほうがよいのですが、気をつけてほしいのは、「個性は自分の中にしかない」と思い込まないことです。

勝間和代さんが訳した話題の書、『天才！成功する人々の法則』の中で、著者のマルコム・グラッドウェルは「個性はコミュニティの中にある」と断言しています。

なぜ1955年前後にコンピュータ界の天才が多く生まれたのか。マイクロソフトのビル・ゲイツが1955年、ポール・アレンが1953年、スティーブ・バルマーが1956年、アップルのスティーブ・ジョブズは1955年、グーグルのエリック・シュミットも1955年、サン・マイクロシステムズのビル・ジョイが1954年。共通点はみんな偶然にも「圧倒的に練習量が多くなる環境」があったことです。

確かに、自分自身の生まれ持った能力や努力の結果は必要です。しかし、それ以上に周りの環境や出会う人々からの影響を大きく受けながら、私たちは生活しているのです。

そういう意味では、関係性をいかに作れるかということが個人のクリエイティビティのひとつになってきます。日本では、個性や創造性が個人の中にあり、それをどう引き出すかという考えが先行したために教育が「機能主義」になってしまいました。「学力」を個別に引き出して伸ばすのには限界があります。コミュニティ全体で学び合って成長していくほうが正しい。ですから、教育を再生するというよりも、コミュニティ（地域社会）で起こるコミュニケーション全体の量と質を再生していかなければ、学力も志も思いやりも愛国心も向上しないわけです。

10 戦略的人生計画の作り方

ゴールの見えないゲームは自分のルールで戦え

今の時代をたとえるならば、ゴルフ場のショートホールに霧がかかっているような状態です。

ショートホールですから、上級者であればアイアンを使って、1打でグリーンに載せてしまうでしょう。それをパターで寄せて、3打目でカップインさせればパーです。中にはバーディを狙う人もいれば、過去のホールインワンが忘れられなくて、「何とか今回も」と欲を出す人もいる。

しかし、深い霧のためにグリーンは見えません。晴れていればグリーンに向かって打てばいいのですが、どうやら霧が晴れる様子はありません。

しかも、現代社会というゴルフコースは、打った瞬間にグリーン自体の位置が変わってしまうかもしれないというおまけ付きです。だったら、とりあえず1打目を打ってみるしかない。

ところが多くの人が、クラブを慎重に選んだり、キャディさんに聞いたり、風向きを読んだりするばかりで、一向に打ち出そうとしません。

そこに無邪気な子供がひょっこりやってきます。ゴルフ自体が初めての経験なので、霧がかかっていようとおかまいなし。クラブを持ってとにかくボールに当てる。コロコロと転がっていった先まで歩いていって、またコツンと叩く。打数なんて考えずに、試行錯誤を繰り返しているうち、少しずつグリーンに近づいてきます。

勝敗は明らかでしょう。

確かに成長社会のルールでは「時間をかけてでも、少ない打数で入れたほうが勝ち」だったでしょう。しかし、時代は変わりました。今や「とにかく打ったほうが勝ち。手数を出したほうが勝ち。何回打ってもいいから早くカップインしたほうが勝ち」というルールに変わったのです。

しかもゴルフの場合は18ホールや36ホールですが、人生は180ホールも1800ホールもあるかもしれない。次々に打って試行錯誤しながら自分の脳と体に、「どう打てば入りやすいのか」

「砂地と芝生ではどう違うのか」

といった経験を染み込ませていくことが大切。そうやってノウハウを蓄積して早く先に進んだほうが勝ちなのです。

もはや正解はありません。自分が納得し、かつ関わる他人を納得させるような解をどれくらい導けるのか。これを意識することで幸福な人生が開けていきます。

幸福は場数を踏まないことには手に入りません。教室で正解ばかり考えていても意味がない。そういう時代に変わってしまったのです。だからこそ、従来の戦略を捨てなければならないし、自分なりの戦術を磨いていく必要があるのです。

誰もが反対する事柄にこそ新しさや独自性がある

何か事を始める時には、ある種の無謀さが必要です。

霧の中でもすぐにボールを打ち出す子供のように、どこかで踏ん切りをつけなければならない。どれだけ計算しても、物事が実際にどう展開するかなんて、決してわかりっこないからです。

私はかつて、大阪府知事の特別顧問を務めていましたが、橋下徹府元知事に要請を受けた時、実は彼のことをまったく知りませんでした。話を聞いてみると、大阪の変革のために孤軍奮闘しているという。そうであれば、「力を貸したい」と思ってしまうのが、判官びいきの私の性格です。

もちろん厳しいプロジェクトになることは予測できました。しかし、「どれだけのメリット、デメリットがあるのか」とか、「成功可能性は何％か」などと考えてもあまり意味がありません。

「よし、協力しよう」

その心意気と覚悟が大切なのです。

もちろん、依頼を受けてからは、可能な限りの緻密な計算をします。その通りにならなかったら、すぐに改善し、修正する。始まってしまえば、その繰り返しです。

私は本当に大事な決断をする時、人には決して相談しません。たとえばリクルートを辞める時も、学校長になると決めた時も、すべて一人で判断しました。

なぜか。相談すると言い訳を作ってしまうからです。失敗した時に「あの人のアドバイスを受けたのが悪かった」などと、ほんの少しでも思いたくない。それは、私にとって最も「かっこ悪い」態度なのです。

それに相談して反対されれば、どうしても不安になります。本当は9割の人が反対するような事柄こそ、勝負のしがいがあるおもしろい案件なのですが、ネガティブな意見ばかり聞いていたら、なかなか腹が据わりません。

　だから下手に相談なんてしないほうがいい。誰にも言わず飛び込んでしまえば、自分自身で責任をとるしかない。その覚悟が大きなパワーを生み出すという側面もあります。

　もちろん、飛び込んだ後は、どんどん周りに相談しましょう。不利な勝負で困っていたら、多くの人が手を差しのべてくれるものだからです。

　たとえば、外資系の会社から依頼を受け、私がその会社の社長になったとします。年収一億円で車も買い与えられ、運転手もいる。会社名義で六本木のマンションも借りてもらえる。

　そんな私を誰が助けてくれると思いますか。いくら真剣に相談しても見向きもしてもらえないでしょう。

　人間は、不利なほうへいっているほうが助けてもらいやすいのです。協力を得ることで、不利が有利に変わる。「通用しないんじゃないか」と思ったことこそ、みんなが助けてくれるものなのです。

　そもそも、不利な状況と言っても、命を取られる心配はほとんどないし、ベンチャー企業の社長でもない限り数十億円張る必要も、個人保障をする必要もない。つまり、勝負で失うものはそれほど大きくないわけです。それなのに何もかも失う気になってしまうから、なかなか一歩が踏み出せないのだと思います。

「決断は最初の2秒の直感に従え」という言葉があります。要するに「やる」と決めたら悩まない。やっていく中で、走りながら悩めばいいのです。

たとえば「よのなか」科の設置は学校長になる前から持っていた案ですが、「学校支援地域本部」(現・地域学校協働本部)を作ったことや、50分授業を45分授業に変えたことなどは、実際に子供と触れあい、「どうすれば全員が楽しい学校生活が送れるのか」と考える中で生まれた案です。

持ちネタだけで勝負しないことが大切。往々にして無謀に飛び込んでいったほうがいい方向に向かっていくのです。

「ダダダの無限サイクル」で実行と修正を繰り返す

ビジネスパーソンであれば「PDCAサイクル」を知らない人はいないでしょう。管理業務を正確にスムーズに進めるためには

(1) プラン=計画(P)

（2）ドゥ＝実行(D)
（3）チェック＝評価(C)
（4）アクト＝改善(A)

という流れで進めること。そして、1周したら、また（1）のプランに戻り、このサイクルを繰り返すことによって精度を高めていくという考え方です。

このマネジメントサイクルは確かに素晴らしいと思うのですが、変化のスピードが速くなっている現代においては4段階をきっちり踏んでいては間に合いません。実行したらすぐに改善し、改善案を実行したら、また改善という「DADADA」にする必要がある。私はこれを「ダダダの無限サイクル」と呼んでいます。

以前はPDCAでもよかったのです。たとえば校長に就任したら、1年目にプランを立て、2年目に会議をかけて問題点を洗い出す。そして3年目に正解としての案を出し、4年目にやっと動き出す。その頃にはちょうど転勤で、結局何も変わらないのですが、それでも大きな支障はありませんでした。

しかし、現代はこんな悠長な態度を許してくれません。物事を実行したら、ダダダと3回修正してみる。それでダメであれば、すぐに手を引いたほうがいい。逆に可能性を感じたら、100回でも1000回でも修正を繰り返します。こうして完成したのが、たとえばトヨタ看板方式の技術であり、仕組みなのです。

世の中には悪いニュースばかりが行き交っているように思えますが、考えてみればパソコンや携帯電話は想像を絶するスピードで進化を続けています。新幹線も自動車もどんどん高機能になり、デザイン性も高くなっている。私たちの身の回りの商品は、間違いなくレベルアップしています。

なぜ、そういうことが起こるのか。たとえばある商品に対して3000人が関わっているとします。各人が1日に1カ所の改善をすれば、1年間で約100万カ所が改善されることになる。私はこのことを、校長に就任してから初めての入学式で子供たちに話しました。

「この学校の生徒は169人しかいませんが、保護者も含めると300人くらいの人がいます。1年に1カ所でいいです。『自分はここに花を植えよう』『ここの修理をしよう』『トイレをきれいに掃除してみよう』と意識をして実行してみてください。そうすると3年間で1000カ所が改善されます。1000カ所も直して、よくならないものがあるでしょうか」

どこを改善すれば最も効果的なのか。思案している暇があるならば、まずは行動してみることです。ダダダの無限サイクルで、不透明な時代をぐんぐん突き進んでいけばいい。失敗しても、改善すればいいのです。ともかく一歩を踏み出すこと。

こうしたやり方を、「正解主義」ではなく「修正主義」と呼びます。「修正主義」で仕事に取り組み、「修正主義」で人生すればいいんです。

心配しないでください。

前進しているうちに、必ず未来が拓けてきますから。

Chapter

3

知 恵

戦略作成の基礎は、クリティカル・シンキング

11 演じる力、公共的リテラシー、クリティカル・シンキング

新しい「大人」の三つの条件

子供が大人になるとは、いったいどういうことでしょうか。

何ができると、大人として認められるのでしょうか。

「経済的に自立すること」「自分でアパートを借りて暮らすことができること」「20歳になり成人として認められること」など、様々な意見があるでしょうが、私は「素の自分」だけでなく、「演じる自分」というのがいるかどうか、が分かれ目になると考えています。

もうひとつは「公共的なリテラシー」です。

公共の場で論理的に議論できるかどうか。この世界には実に様々な考えを持った人がいる。自分とはまったく違った価値観で生きている人もいる。そうした人たちとい

かにして関わっていくのか。議論をして接点を見つけていくことができるか。多くの人と出会い、コミュニケーションを深めていくことで公共心が身についていく。それが大人です。

最後に、最も大切なのが「クリティカル・シンキング」です。直訳すると「批判的な思考力」ということになりますが、英語の critical には「本質的」という意味も含まれますので、私は「複眼思考」と訳しています。

物事を短絡的なパターン認識で捉えない。

「そこには何か裏の事情があるんじゃないか」

「こっちの視点に立てば、まったく違った事実が見えてくる」

といった多面的な複眼思考ができるかどうか。これも大切な大人の条件です。

そしてこの三つの要素は、互いに深く関係しています。演じること、つまりロールプレイで赤ん坊の役をやったり、老人の役をやったり、弁護士になったり、検察側にまわったり、はたまた被告人席に立ってみたりすることで複眼思考が養われます。

その複眼思考で養った自分の考えを持ってこそ、公共の場で議論ができる。そこで説得したり、納得したりを繰り返しているうちに、さらに自分の考えが明確になっていくのです。

逆に言えばこの三つのサイクルを繰り返し経験しない限り、決して大人にはなれないということ。これが新しい時代の大人の条件です。

もう一人の「演じる」自分を持つことがリスクヘッジになる

幼児期は誰もが「自分が世界のすべてだ。見えるものがすべてだ」と思っています。これが10歳から15歳までの間に、だんだんと「そうでもないみたいだな」と気づくようになる。

たとえばサッカーをしている少年は誰もが「このままいけば本田選手のようになれる」と思っていますが、小学校の高学年になってくると「この2年間、ずっとベンチだな」というように、だんだんと周りとの差がわかってきます。

あるいは、漠然と「幼なじみとはずっと一緒に成長していく」と思っていたら、勉強ができる彼女は進学校に行って離れ離れになる。そんな様々な経験を通して自分と世界とが分断されていきます。

その過程で自分をどう位置づけるのか。もうひとつの視点を持てるかどうかが、大人になるための条件です。

人は自分の思い通りには動かないし、思った通りに事は進まない。自分が腹痛で苦しんでいるのにも拘わらず世の中は平然と止まることなく普通に動きます。その時に、自分と世界、あるいは世の中を相対化して俯瞰している、「もう一人の自分」が生まれます。

ものすごく怒っている自分がいる一方で、傍らで笑いながら見ている自分がいるということ。これがないと、素の自分だけで勝負していくことになりますから、ものすごく苦しい。

幼児は素の自分だけで勝負しているわけですが、成長してくるとそうもいかない。演じる自分が素の自分を眺めて、

「それはちょっとやりすぎたな」

と言えなければ実に苦しいですよね。なぜなら、人は必ず失敗するからです。とくに10歳以降は失敗に対する失望続きです。その時にどのように言い訳するかを考えることが大切でしょう。

たとえば「あの子は自分のことを好きだと思っているに違いない」と信じていたのに、それが勘違いだとわかってしまった。そんな時、いかにして自分をなぐさめるか。バカボンのパパのように「これでいいのだ」と理屈づける回路がないと人生は辛すぎます。素の自分だけだとそこで打ちのめされて、後は死ぬか生きるかになってしまう。

最近は演じる自分を持たない若者が増えています。私は、この傾向が若年層の自殺の増加とも深く関係していると考えています。

自分は素で勝負をする役者でいてもいい。その代わり、それを演出してくれている自分がいて「ふられたの？　なんだよ、もう大失恋大会じゃん」とツッコメるかどうかがすごく大きい。「もう落ち込むところまで落ち込んでやるぜ」とボケられる人は、自殺したり、他人を殺そうとしたりなんて考えないでしょう。

大切なのはもう一人の自分がどれだけ育っているか。あるいは物事がうまくいかなかった時に、逆にそれを利用しておもしろおかしくボケとツッコミができるような「演じる自分」がいるかどうか。自らの失敗を笑いに変えられる人は、大人なのだと思います。

私は人を評価する時、「失敗談をどれだけおもしろく話せるか」という点を重視します。その人のコミュニケーション力を見極めるうえで最も大切なポイントと言ってもいい。とにかく、自分が主人公でいるためには、演出も含めて演技が必要なのです。

ベタな演技で自分の枠を広げる

現代では、素の自分でいられる場所はほとんどありません。実は家族間ですら演じなければ成立しなくなってきたのです。

昔の日本は農業社会だったので、家族という存在は職業の場であり、ともに食事をとる場でもありました。

仕事は家族という単位で受け持っていたので、子供といえど重要な労働力でした。家族全員が協力しなければ、仕事が進まなかった。

家の中心には、いろりがあって、朝と晩、家族全員が定時に集合しました。そこは火を起こす場所でもあったから、赤ちゃんからお年寄りまでが一気に食べなければならなかった。もちろん、茶碗につぐ順番は、おじいちゃん、おばあちゃん、お父さん、お母さんの順だったでしょう。

ところが、工業からサービス業中心の世の中に移行するにつれて、仕事そのものが家族から分離するようになります。子供にしてみれば、自分の親がいったいどんな仕事をしているかまったくわからない。目に映るのは「疲れた、疲れた」と言ってうなだれる親の姿だけです。

また、食事も全員でとる必要性がなくなりました。この傾向は電子レンジの発明やコンビニの進化によって加速し、今では個食、あるいは孤食が当たり前になりました。

そもそも家族を実感するには、一緒に働くか、一緒に食事をする必要があります。

昔はそれが当たり前だったので、「家族とは何か」を考える必要さえなかった。

ところが職業が分離され、食事がバラバラになった現代では、何をもって家族だと確認しあえるのか、誰にもわからなくなってしまったのです。一時期は「リビングこそが家族を感じられる場だ」ということで、多くの住宅メーカーが広くて機能的なリビングをウリにした住宅に力を入れました。

しかし、それは早晩、幻想であることがわかった。実際、リビングにいる家族は、時間をどのように過ごしているでしょうか。家族4人がリビングに集うとします。父は新聞を読み、母はテレビを見て、姉はスマホで会話をし、弟はゲームに夢中になっている。これでは単に空間を共有しているだけで、団らんはどこにも存在しません。

私はリビングよりもキッチンに投資したほうがいいのではないかと考えています。料理が得意な親は、演技として家族を維持することができるからです。料理がうまいというのは最大の演技だし、最強の道具立て。家族を演じるためには一番いいシーンだと思います。

もしくは自分の家を仕事場にしている人ならば、プロを演じている姿を見せること。とくに開業医は強烈なインパクトがありますね。父か母が白衣を着て診療室に行くと、多くの患者から「先生、ありがとうございます」と言われている。そんな場面を見て育つ子供は、親を尊敬するようになるでしょう。

しかし、多くの子供は親の職場や職業について詳しく知りません。帰ってきたら酔っぱらっていびきをかいて寝ている。子供からしてみれば「うるせーな」という存在。子供は帰宅後の姿しか見ていませんから「うちの親父はいつも酔っぱらっていて面倒だな」としか思わないのも仕方ありません。

昔は姑がいて、長男を盛り上げていた。実際は姑が偉くても、長男をたてる。これで父権が維持されていました。ところが今は大家族でもなくなり、姑と一緒に住む風潮も薄れてきた。そのため父親としての威厳がどんどんなくなってきています。なおかつそこにテレビやネットが入ってしまうと、子供が父親から学べることなんて実に限られてくる。舞台装置として、父親の権力を演出する場所がなくなってしまったのです。

父親は改めて自分の存在について考え直すべきでしょう。父親の役を演じることで、初めて、子供からリスペクト（尊敬）される時代になったのだと思います。

同じ事態が教育現場でも起きています。学校の教壇は背が低い先生が少しでも大きく見えるようにするためのものでした。ところが、平等、公平という名の下に、威厳を保つための道具立てがなくなってしまったのです。だから教師は一人の個人として、自分なりの教師像を確立し、それを演じきれなければならない、ということ。
結論としては、家族でさえも、演じ合わないと家族を維持できない時代になった。子供が生まれて3人、4人で生活するようになれば、自然と家族になれるという考えでは甘いということになります。

これは相当ショックな事実ですが、現実として受け止めなければなりません。詳しくは藤原智美さんの著書『家族を「する」家』(プレジデント社)を読んでいただきたいのですが、タイトルにもある、家族を「する」という動詞は、演技を「する」という意味なのです。

ビジネスマンも「会社をする」という感覚を持ったほうがいくらか気が楽になると思います。今や年功序列の世の中ではないのですから、年下の上司や年上の部下がいてもおかしくない。「演技をしている」とでも思わなければやってられないでしょう。

外部の人から見ると、リクルートは「本音でやるサークル集団」のように映っていたかもしれませんが、そうではありませんでした。ものすごく舞台設定がうまくて、ひとたび会社に入れば劇場だったのです。だから「エイエイオー!」なんて気合い入れも恥ずかしいと思わずにできた。「祝!大型受注!」なんて垂れ幕が社内に下がっていても違和感はありませんでした。

家族も会社もあらゆる場所で、私たちは「演じる自分」を発動しなければならない。そんな時代なのです。

なりたい自分をロールプレイして強くなれ

これまではイメージしやすいように「素の自分」と「演じる自分」とを対比させて論じてきましたが、私自身の考えを正確に言えば「素の自分」など存在しません。

実は「演じている自分」だけなんです。

もちろん「本当の自分」と言ってみてもいいのですが、それを探すとなると、最終選択としては「死」しかあり得ないことになってしまいます。「素の自分」というのは実は存在しなくて、環境によっていくらでも変われると考えたほうがいい。会社の仕組みの中で動いている自分、家族の中で役割を果たしている自分など、様々なシーンで役割を演じる自分を意識して、柔らかく運用していくことが大切です。

演じる自分を強く意識できれば、その人は強い。たとえば勤めていた会社が倒産してしまえば、誰だって落ち込みます。しかし、そんな時でも演出家としての自分が現れて、

「不景気で会社が倒産して、失業しちゃったぜ。よし、ここからどんな人生を歩んで

やろうか」

と開き直っちゃう自分を演じてみる。そんな意思がある人は自殺にまで追い込まれないでしょう。むしろ「こんな日に自分を笑わないでいられるか」という気持ちでいたほうが楽ですよね。

たとえば、小島虎之助さんは3000億円の借金を背負いましたが、それでも平然と生きた。すべて大手銀行から長期返済として借りていたので「西暦2500年には全額返済する」と言いながら生き残ったのです。以前、テリー伊藤さんと共演した番組に彼を呼んだのですが、なぜかそのまま居ついてしまいメインコメンテーターにもなった。

これも彼自身が「借金王」を演じているからできたことだと思います。どん底にいたとしても、演じる力があれば簡単にはへこたれないし、はい上がることもできる。

私たちには、もともと、そんな力が備わっているのではないでしょうか。

12 公共性を身につけよ

子供の世界では「自分＝神様」

もうひとつ、子供と大人を分ける境目は、パブリックという意識があるかどうかです。

幼児には「公共の場」という意識はありません。自分の延長が世界であり、自分は神様だと思っています。

これが10歳から15歳までの間に是正されるわけですが、最近の子供たちは自分の部屋を与えられ、スマホやパソコンを持っている。もし、自分の部屋で食事をすれば、それはちょっとしたオフィスかホテルのようですし、そこが世界の中心になります。自分を中心に世の中が回っていると感じる状態が続くのです。

以前ならば社会的な通過儀礼があり、コミュニティに組み込まれて大人になっていったのですが、現在ではそうしたイニシエーション自体が減少しています。通過儀礼を経験せず、公共性が育たないまま、体だけが大人になっていく。

だからこそロールプレイ、つまり演技の技術を学ばせることが大切です。最も簡単なのが「ままごと」。私たちは幼い頃から「ごっこあそび」を通して社会的な役割を学んできました。家族の役割を演じ分けることで、お母さんの立場や家族の中での自分の位置づけといったことを学習してきたのです。

少し話がそれますが、興味深い事実を紹介しましょう。現在も子供たちはままごとをやっています。しかし、20年くらい前から役割の意味が決定的に違ってきていた。それを端的に表しているのが、ままごと遊びの「一番人気」です。

誰の役が最も人気があるか。私たちの世代ならば、当然ながら「お母さん」でした。だいたいリーダーシップのある女の子が言い出しっぺで、彼女が真っ先に「じゃあ、私がお母さんね」と良い役を確保していました。

今はお母さんは2位に落ちてしまった。1位はなんでしょう。

実は「犬」です。ペットなのです。

なぜならペットは誰からも無条件にかわいがられるから。ちなみにお父さん役をとる子はいないそうです。

ともあれ、ロールプレイを繰り返すことによって、他人の気持ちや考えをトレースすることに慣れていく。演じる力を持って社会の様々な人たちと出会い、議論することによって、公共性を身につけていくのです。

平田オリザさんによれば、西洋演劇がギリシアで始まったのと、アテネで民主制がスタートしたのはともに約2500年前と、ほぼ同時代なのだそうです。民主制になると従来は王や貴族が決めていたことを民衆が自分たちで決めなければなりません。しかし、一人一人は話せば話すほど考え方がバラバラで、これでは声の大きな者、力の強い者が勝ってしまい、結局、王制と同じことになってしまう。

そこで考え出されたのが哲学と演劇でした。当時のアテネ市民にとって演劇祭への参加は権利であると同時に義務でもあったそうです。「成人男子は何年かに1回必ずステージに立たなければならなかった。その中で異なる感性をすり合わせる訓練をしたのだ」と語っていらっしゃいました。

豊かなコミュニケーションを育むために、演劇は有効な手段です。その演じる力を持って公共の場に出ていくことで、ますます自分が磨かれていくのです。

13 クリティカル・シンキング（複眼思考）で物事を捉えよ

記憶力だけでは重宝されなくなった

新しい大人の条件として、演じる力と公共リテラシーを挙げました。最後の3番目は「クリティカル・シンキング」です。

突然ですが、質問です。受験勉強で最も大切なチカラはなんでしょうか？

多くの人が「記憶力」と答えるでしょう。テスト自体が、「どれだけ正解を覚え、再現できるか」を問う形態になっているからです。ただ、難関大学や司法試験に合格した人に話を聞くと、決まって「出題可能性のある範囲を網羅してすべてを覚えることなんて不可能なので、記憶力とは違う能力が必要だ」と指摘されるのです。

この意見には私も共感できます。

東京大学の二次試験で出題された地理の第一問。ただの四角い枠が書いてあり「アフリカの海岸線の地図を大まかに描き、そこに赤道を描き入れなさい」というものでした。

その後に「赤道近くにあるタンザニアが抱える今日的な問題を記述せよ」と続くのですが、それぞれの国の産物や貿易品目を覚えていたとしても、アフリカの全体像に思いを馳せる経験がなければ、地図はうまく描けません。これは「記憶力」で勝負できる問題ではなく、受験生がいかに現実世界とつながった「世界観」を持っているかを問う問題でした。

私は試験の準備として、過去10年間に「頻繁に採り上げられた国」と「まだ出題されていない国」を分析し、アフリカにヤマをはって臨んだので、この問題をなんなくクリアすることができました。私にとって受験勉強に必要だったチカラは「記憶力」ではなく、「出題者が何を問いかけてくるかを推理するチカラ」でした。

では、どうしたら出題者の意図を読むチカラが強まるのでしょうか。それは常に問いかけられた問題に疑問を持ち、出題者と対話する癖をつけることです。

コメンテーターの解説に疑問を持つことから始めよう

そのための訓練として有効なのが、テレビや新聞で報道されるニュースを批判的に見ることです。

「批判的」と言うと、単に文句をつけたり、反対したりするイメージが強いかもしれません。しかし、本来「批判」とは「人物・行為・判断・学説・作品などの価値・能力・正当性・妥当性などを評価すること」(広辞苑)という意味です。自分の頭で考えて、対象について主体的な意見を持つことと言い換えてもいいでしょう。英語の「critical」にも「鑑識眼がある」という意味が含まれています。

「あれっ? ちょっと待てよ。今のコメントはおかしいんじゃないの?」

とテレビのキャスターやコメンテーターの言説に疑問を持つ態度が大事。決して鵜呑みにしてはいけません。

和田中の［よのなか］科では、そうしたクリティカル・シンキングをフル活用しなければならないテーマが提示され、ブレーンストーミングやディベートが繰り返されます。たとえば、

「ハンバーガー店をどこに出店すれば儲かる店になるか?」

「自分が首相だったら大きな政府と小さな政府、どちらを目指すか」

「子供に一人部屋(個室)は必要か?」

「親だったら自分の子のクローンをつくることを是とするか」

といったテーマを、保護者や地域の大人たちも交えて議論します。

また、和田中では、1年生の時から次のような問いかけに対して意見文を書くことを義務づけています。

「中学生に携帯電話は必要ではない」

「中学校に制服は必要ない」

「電車やバスに優先席は必要ない」

「親しくなった先輩には敬語を使う必要はない」

「ボランティアは自分のためにするものだ」

「失敗や挫折はすぐに忘れたほうがよい」

「中学生はもう大人である」

それぞれに賛成か反対かを表明し、その理由を述べさせます。これを3年間で50回は書かせられるのです。そうした訓練を経て卒業間際に試されるのは、さながら「クリティカル・シンキング検定試験」のような問題です。

「ハンバーガーはこれから安くなるか？　高くなるか？　その理由とともに記せ」

「ゴムをより高く売ろうとしたら、どんな工夫をするか？」

「あなたの学校に付加価値をつけるとしたら、校長として何をするか？」

「自転車放置問題の解決策を自分の言葉で記せ」

「人を差別するということがどうして起こるのか。イジメとの関係で述べよ」

「10歳の少年が殺人を犯した。あなたが裁判員だったら何を質問するか」

「自分を殺す行為は是か非か。自殺の是非を記述せよ」

「人間にとって宗教とは何か、記せ」

「経済的な自立の他に、あなたにはどんな自立の道があるか、自らの学校での経験をもとに述べよ」


あなたなら、これらの問いにどのように答えるでしょうか。

自分の周りにインテリジェンスが埋め込まれた社会

クリティカル・シンキングが習い性になると、自分自身の中にインテリジェンスがどんどん蓄積されていきます。それは自立した個人として成熟していく大切な過程なのですが、なぜ多くの人が目を向けていないのでしょうか。

それは日本がインテリジェンスを内部に取り込むのではなく、外部に埋め込むような社会、いわば「超便利社会」を作ってきたからです。

想像してみてください。コンビニに行ってマンガを立ち読みし、コーラを買って自宅に帰ってくる。この一連の行動は、言葉を一切使わなくても完遂できます。なぜでしょうか。すでにコンビニがお客のニーズを先回りして考えてくれているからです。コンビニ各社は、潜在的なニーズも含めたお客の購買動向を見極めるシステムを、莫大な資金を投じて構築してきました。

たとえば、住宅地にあるコンビニには入ってすぐの位置に健康飲料がずらりと並んでいることがあります。大人からしてみれば低い位置にあるのですが、これは塾帰りの小中学生の視線に入りやすいように配慮されているからです。子供たちは自分の欲しいものがどこにあるのかを探す必要がありません。あるいは「何が欲しいのか」を考える必要すらない。これが超便利社会の象徴的なシーンです。

私たちが言葉を使わなくてよくなった一方で、機械はよく喋るようになりました。最近はあらゆる家電製品が喋ります。車も話しかけてくるし、自動販売機やエレベーターもお喋りですよね。

本来は自分自身の中にインテリジェンスを取り込んで、武装していかなければならないのに、自分の周りの環境にインテリジェンスが埋め込まれるために、その必要性が薄れてしまっている。

そんな状態に慣らされてしまっていては、クリティカル・シンキングなどできるはずがありません。テレビのお告げどおりに動かされ、操られてしまう。使いこなしているはずのスマホに、実は使役されているのです。

本当にこのままでいいのでしょうか。

その「常識」は本当か？

外部のインテリジェンスに骨抜きにされた状態から脱したいのならば、まずはこれまでの常識を疑ってみましょう。

たとえば「コンビニは便利だから必須だ」という漠然とした考えを一歩進めて、「便利さを享受するために失っているものは何だろうか」と問うてみる。

新製品を持っていることはかっこいい。自分も欲しい。そう思う前に「本当にいいものを大事に使って、知恵で使い回すことのほうがかっこいいんじゃないかな」と考えてみる。

みんなが「環境のためにエコ製品を買う」と言ったら、「エコ製品を作るための環境負荷は現実的にどうなっているのだろうか」と調べてみる。

「営業マンが勧めたから」という理由だけで保険に入っているのならば、一度ゼロベースで考えてみる。自分の夢とリスクを分析して、最適の保険を研究する。場合によっては専門家に相談してみる。

「いらないから捨てる」と簡単に決断してしまわないで、捨てる前に誰か使ってくれそうな人を探してみる。

問題の解決には必ずお金がかかると思い込まないで、お金をかけずにできることはないのかを模索してみる。

「この仕事は自分に合っていない」と辞める前に、「この仕事でできること、学べることはないのか」を自問してみる。「この会社は正解じゃない」と決めつける前に「この会社でも納得解にならないか」を検討してみる。

栄養が足りないからとサプリメントに手を伸ばす前に、基本的な生活習慣を変えられないかシミュレーションしてみる。

ファストフードや冷凍食品で単に空腹を満たすなら、冷蔵庫をのぞいて、あり合わせの材料で料理を作る。

いかがでしょうか。

今挙げただけでも、ずいぶん人生が豊かになりそうだと感じませんか。これがクリティカル・シンキングの効用なのです。

14「ロールプレイ」と「ディベート」で地頭を鍛えよ

正解なき答だからこそ、考え続ける

クリティカル・シンキングの技術を磨くには、他者との対話が有効です。他人の意見を聞いて、いったん自分の中に取り込み、これまでの考えをブラッシュアップして再びプレゼンテーションする。その過程で批判的な物の見方が、どんどん鍛えられていきます。

ディベートの一例として「赤ちゃんポスト」について考えてみましょう。

赤ちゃんポストとは、何らかの事情で育てることのできない新生児を、親が匿名で養子に出すための仕組みです。2007年5月、熊本市にある病院に「こうのとりのゆりかご」と名付けられた赤ちゃんポストが設置されました。

目的は望まれない赤ちゃんを殺害と中絶から守ることにあります。新生児はあまりにも無力です。両親が病気だったり、経済的な理由で育てられなかったり。10代の予期せぬ妊娠などの理由で「捨て子」となった場合、野犬や低体温症、熱中症などの脅威にさらされることになります。赤ちゃんポストはこれらの危険から新生児を守るために設置されました。

病院の壁に特別な扉を作り、内部には温度管理された保育器を設置。赤ちゃんが入れられると重さを感知してアラームが鳴り、病院のスタッフに伝わる仕掛けです。監視カメラが設置されていますが、親の匿名性を守るために赤ちゃんだけしか映りません。

ポストに入れられるのは生まれてから2週間以内の子供に限られます。親が名乗り出て自ら育てるか、その能力がないと見なされた場合は親権剥奪などをして里親または養親に引き取ってもらうかを決めてもらうことになります。親が名乗り出ないと「捨て子」になり、警察や市役所などに連絡した上で裁判所の判断を経て施設に引き渡すなどされます。

さて、あなたはこの赤ちゃんポストに賛成ですか。反対ですか。

賛成する人はどんな意見を持っているか。代表的なところでは、

「捨て子は現実に起こっているから、何はともあれ安全に保護するべき」

「新生児の殺害や虐待、育児放棄を防ぐ効果がある」

「中絶では生存できない子が、親の選択肢を増やすことによって生存の可能性が出てくる」

といったところです。逆に反対する人たちは、

「かえって捨て子を助長することにつながる」

「育児放棄が増えるかもしれない」

などの意見を展開します。唯一の正解がある問題ではないので、議論は真っ向から対立するでしょう。

しかし、そうした議論なしに、自分なりの考えは洗練されません。ディベートを繰り返す中で、物事を批判的に捉えるクリティカル・シンキングが身につくのです。

[よのなか]科を大人の世界でも実践する

受験勉強で身につく力は、決められた世界観の中でゲームをする時に、いち早く正解を導き出す力です。たとえば「コロンブスがアメリカ大陸を発見したのは何年？」と問われて「1492年（イヨ！　クニが見えた）」と瞬時に答えられるかどうか。テストで採点すれば「見える学力」として現れます。

一方、これからの成熟社会で重視されるのは、身につけた知識や技術を組み合わせて問題を批判的に読み解く力、つまりクリティカル・シンキングです。「コロンブスがアメリカ大陸を発見した後に、人々の世界観はどう変わったか？」について自分の頭でイメージする能力。それが延いてはイラク戦争の影響や北朝鮮の未来を予測し、自分の仕事や生活と、そうした世界の変化の関係性を想像する力にもつながっていきます。

正解を求めるだけの能力「情報処理力」は、いわばジグソーパズルを早く完成させる力です。一つのピースに正解の場所はたったひとつ。ただし、全体の図柄はメーカーによってあらかじめ決められています。

物事を批判的に読み解く能力「情報編集力」は、レゴで遊ぶ時に要求される力です。一つひとつの部品はシンプルですが、組み合わせることで、宇宙船にも家にも動物にも人の姿にもなるし、文字通り街全体をつくりだすことも可能です。世界観自体をつくりだす力と言ってもいいでしょう。

複雑で変化の激しい成熟社会を生きる人間にとって、選択肢の幅を広げて人生を豊かに生きるには「情報編集力」が欠かせないことは、火を見るよりも明らかです。

そのためにも私は、大人の世界でも「よのなか」科を実践してほしいと思うのです。

同僚と飲みに行ったら、会社や上司の悪口を言い合うのではなく、プロジェクトをいかにして進めるかについて独自のアイデアを提示し合う。

あるいは友人と時事問題について互いの意見をぶつけ合ってみる。

家族と老人介護の問題について議論してみる。

そんな日々があなたを鍛え、自分の頭で考える力が、次の時代の扉を開くカギとなるでしょう。

15 35歳に必要な三つのリテラシー

大人にも求められる「PISA」型の学力

OECDが3年ごとに実施している国際的な学力テスト、PISA調査の問題を見てみましょう。

街中によくある壁の落書きに関する意見を問う問題で、教育界では有名なテーマです。二人の人物からの手紙のうち、あなたはどちらに与《くみ》するでしょうか。

「学校の壁の落書きに頭に来ています。壁から落書きを消して塗り直すのは、今度が4度目だからです。想像力という点では見上げたものだけれど、社会に余分な損失を負担させないで、自分を表現する方法を探すべきです。（中略）私の考えでは、建物やフェンス、公園のベンチは、それ自体がすでに芸術作品です。落書きでそうした建築物を台なしにするというのは、本当に悲しいことです。それだけでなく、落書きという手段は、オゾン層を破壊します。そうした『芸術作品』は、その度に消されてしまうのに、この犯罪的な芸術家たちはなぜ落書きをして困らせるのか。本当に私は理解できません。　ヘルガ」

「十人十色。人の好みなんて様々です。世の中はコミュニケーションと広告であふれています。企業のロゴ、お店の看板、通りに面した大きくて目ざわりなポスター。こういうのは許されるでしょうか。そう、大抵は許されます。（中略）看板を立てた人は、あなたに許可を求めましたか。求めていません。それでは、落書きをする人は許可を求めなければいけませんか。これは単に、コミュニケーションの問題ではないでしょうか。あなた自身の名前も、非行少年グループの名前も、通りで見かける大きな制作物も、一種のコミュニケーションではないかしら。（中略）芸術多難の時代です。　ソフィア」

さて、この二つの手紙のどちらに賛成でしょうか。ちょっとこの本を傍らに置いて、片方か、両方の手紙の内容に触れながら自分なりの言葉を使って、あなた自身の考えをまとめてみてください。

いかがですか。簡単でしょうか。それとも難しいでしょうか。実際に社会人として働いていると、簡単に答が見つかるものよりも、正解がないような問題にぶつかることのほうが多いはず。そうした時代に対応して、難関高校や大学だけでなく、会社の入社試験や面接でも、「あなた自身の考え」を問いかけ、「自分なりの言葉を使って答えよ」という問題が増えてきています。それが国際的な潮流だからです。

読解リテラシー、数学的リテラシー、科学的リテラシー

ＰＩＳＡ型の学力は「リテラシー」という言葉と密接に関わっています。リテラシーを直訳すると「読み書き能力」のことですが、私の感覚では「書かれてあることをただ鵜呑みにするだけでなく、批判検討を加えて取り入れていく」というイメージです。

ＰＩＳＡ調査における三つのリテラシーの定義は以下の通りです。

（1）読解リテラシー

自らの目標を達成し、自らの知識と可能性を発達させ、効果的に社会に参加するために、書かれたテキストを理解し、利用し、熟考する能力。

（2）数学的リテラシー

数学が世界で果たす役割を見つけ、理解し、現在及び将来の個人の生活、職業生活、友人や家族や親族との社会生活、建設的で関心を持った思慮深い市民としての生活に

おいて確実な数学的根拠にもとづき判断を行い、数学に携わる能力。

（3）科学的リテラシー

自然界及び人間の活動によって起こる自然界の変化について理解し、意思決定するために、科学的知識を利用し、課題を明確にし、証拠に基づく結論を導き出す能力。

この定義を読むだけで、私たちが日常的に使っている「学力」とはずいぶん違うことに気づくでしょう。

「効果的に社会に参加するため」

「市民としての生活において確実な数学的根拠にもとづき判断を行うため」

「意思決定したり、証拠に基づく結論を導き出すため」

といった言葉からわかるように、どのリテラシーも、私たちの社会生活と密接に関わっています。人生を生きるための具体的な技術の習得をイメージしているのです。

この三つのリテラシーは、現代を生きる私たち大人にとっても、「獲得しておきたい能力」として、そのまま適用できます。

もう一度、じっくり読み返してみて、「すでにどの能力を持っているか。どの能力が欠けているのか」を確認してください。

Chapter

4

武 器

自分だけのキャリアが身を助ける

16 サラリーマンには虚飾が多い

名刺なしで働けるのが本当の自立

社会人として働くようになって30年、ようやく名刺がなくても仕事ができるようになりました。

「名刺を出さなくてもいい身分」と言うと「有名になればいい」と思われるかもしれませんが、そうではありません。「会社という組織や、そのブランドに頼らなくてもよい実力をつける」ことがポイントです。

リクルートに入社したばかりの頃は「名刺を持って仕事をすることがかっこいい」と思っていました。ただ、当時のリクルートはまだメジャーな存在ではなかったので、名刺を差し出して「ああ、あのリクルートさんですか」といったリアクションはまったくありませんでした。

新人の頃の名刺に関する思い出です。「東洋サッシ（現LIXIL《リクシル》）」の仕事を受け持った際に、総務部長が私のアイデアを「おもしろい」と評価してくれて、次に訪問したときに、

「東洋サッシ　経営企画室主任　藤原和博」

と印刷された名刺を用意してくれていました。

「私は君にはこういう気持ちでいてほしい。しっかり自覚を持ってがんばってくれ」

そう言われた時の喜びは、今でも覚えています。

名刺を出さなくてもいいような仕事がしたい。漠然とそう思い始めたのは、やはりメニエル病にかかった頃でしょうか。組織の囚人から自由人への第一歩を踏み出した時です。

日本の場合、極端に言えば「仕事上のコミュニケーションは名刺で成り立っている」という状況ですよね。とくに大企業に勤めている人は、

「○○商事です」

「ああ、そうですか。私は△△銀行です」

と言い合うだけで、コミュニケーションが成立してしまう。セクションとポジションを言えば大抵がお互いを理解した気になる。その人の名前よりも会社名のほうが

大事。どんな人物なのかよりも、どこに属しているかを重視します。

ただし、相手が子供だったらどうでしょうか。あなたの勤めている会社のことなんて、まったく知らないかもしれない。そんな相手に、

「私は一部上場企業に勤めているんだよ」

と威張ってみたところで、何の効果もありません。

以前、文化戦略会議の縁で林真理子さんを和田中学校にゲストとしてお招きしたことがあります。中学生の前で話してもらうのですが、林さんの作品は高校生以上が主な読者層なので、生徒たちは林さんのことをあまりよく知りません。

やはりゲストとしてお越しいただいた櫻井よしこさんにしても、中学生にとってはせいぜい「テレビに出ている人」という程度で、どれほど素晴らしい仕事をしてきたジャーナリストなのかという知識はない。林さんも櫻井さんも、中学生にとっては「ただのおばさん」なのです。

あるいは作曲家の三枝成彰さんでさえ、ただのおじさんです。オペラに興味がある中学生なんて滅多にいませんから、

「私がオペラを作曲する時は……」

といったところで、なかなか関心を向けてくれません。中年以上の世代であれば興

味津々で耳を傾ける内容であっても、中学生には通用しない。

有名人だからといって差別はありません。中学生の前に立てば、自然と肩書きが外れ、「その人固有のおもしろさを伝えられるか」という真剣勝負が始まるのです。

三枝さんは東西のオペラの歴史について語ったのですが、しばらくすると何人かの生徒は居眠りを始めました。私にとっては最高に興味深い話なのですが、中学生の心は、最初、摑めなかったようです。

ただ、三枝さんが素晴らしいのは、その結果を真摯に受け止めて、内容をどんどん修正、改善していくところです。これは林さんも櫻井さんも同様でした。もともと肩書きで生きている人ではないので、抵抗なく変化させられたのでしょう。

自由人である作家やジャーナリスト、作曲家でも苦労するくらいですから、子供たちに評価されるのは簡単ではありません。

ただし、難しく考えすぎてもいけません。たとえば、

「私は20年間ゴールデンレトリバーを飼っていて出産にも3度立ち会っています。ゴールデンレトリバーの子犬のしつけに関してはプロ並みです」

という自己紹介はどうでしょうか。ぐっと惹きつけられます。あるいは、

「私は子供が7人もいます。家事の合間に子育てをするのは、けっこう大変なんです

よ。ノウハウはたっぷりある、いわばプロの『コソダティスト』です」

というプレゼンテーションはいかがですか。これだけで思わずリスペクトですよね。

肩書きをとった後のあなたは、どんな特長があり、どこが魅力的なのか。一度、名刺を使わないプレゼンテーションについて、じっくり考えてほしいものです。

虚飾をはぎとるための公式

最近、私を形容するのに困る人がいます。これといった肩書きがないからです。元杉並区立和田中学校長とか、著述家とも言われます。ある人は私について、

「藤原さんが何者であるかということを的確に示す肩書きは20世紀の仕事分類にはない」

とおっしゃいました。「なるほど、そうだ」と感心しながら、

「最強のプータローというのはどうですか」

と言って大笑いしました。半分はジョークですが、半分は本気です。

ビジネスマンとしてバリバリに活躍していた時、私にはリクルート社という看板があり、課長や部長といった、れっきとした肩書きがありました。

今は形容すら難しい存在になっているようですが、それで困ることなどまったくあ

りません。かえってせいせいしているくらいです。

当時私が持っていた肩書きとは、いったい何だったのかを考えてみましょう。まず、地位や役職です。それに伴う人事権、予算権も肩書きに含まれると考えてみます。それに立派なオフィス。これも私を実際以上によく見せてくれる後ろ盾でした。でも、それらは私の実力と何の関係もありません。

ここで、

「地位＋役職＋人事権＋予算権＋事務所＝虚飾」

という式が成り立ちます。

さらにこれを私自身から引いてみる。

「藤原和博－虚飾＝最強のプータロー」

となったわけです。

見栄えはあまりよくないかもしれないし、こけおどしに使えそうなものも手元にはありません。しかし、私自身は全然変わっていない。組織に属していないからと言って、能力が落ちたわけではありません。

私は誰でも独立すべきだと言っているわけではありません。もちろん、組織だからこそできる仕事もありますから、そこに価値を見いだせるとしたら、会社員として働くべきです。

ただし、虚飾の部分は「自分の実力ではない」と自覚することが大切。その上で、「肩書きとは関係のない、自分の実力を磨こう」と考えてほしいのです。

実際にプータローになった私からしてみれば、肩書きなんてたいした意味はありません（その後、私は「教育改革実践家」というオリジナルな肩書きを考え出し、好んで使うようになりました）。

肩書きに伴う権限も、組織から離れるとまったく通用しないもの。それは会社や役所から与えられた、ある限定した条件下でのみ行使できる権利であって、その人固有の能力ではないからです。

17 自分自身のリストラをせよ

【生活態度のリストラ】テレビと新聞をやめてみる

みなさんは毎日、どれくらいの時間テレビを観ていますか。

どんな時に、どんな番組を選んでいるでしょうか。

仕事から帰ってきて、ネクタイをほどくと同時にテレビのリモコンに手を伸ばす。あるいは家族の誰かがすでに番組を観ている状態が普通かもしれません。

画面に映っているのは、お笑い芸人がはしゃぎまわるバラエティ番組かもしれない。コメンテーターが神妙な面持ちで事件を解説するニュースショーかもしれない。あなたは用意された食事を口に運びながら、無言でモニターを眺める。そんな光景が容易に想像できるくらい、テレビは私たちの生活にしっかりと組み込まれています。

実は私自身はテレビ世代の申し子で、幼い頃からテレビが大好きでした。結婚する前は朝起きるとまずテレビをつけ、たまに夜の10時前に帰ることがあると、テレビを観ながらスナックをパクついていました。

そんな私がテレビと距離を置くようになったのは、子供が生まれて長男がしゃべるようになってからです。妻は「食事の時はテレビをつけない」家庭で育った人で、彼女が、

「これからはみんなでお話ししながら食事をいただきましょう」

と提案したのがきっかけでした。妻の実家は家族全員で食卓を囲み、その日あったことなどをワイワイ話し合うのが普通だったようですが、一人っ子でテレビっ子だった私にとっては、まさに驚異でした。

「自宅での朝食や夕食は、お客さんや会社の同僚と食事をする時と同じように、家族で会話するためにあったのか！」

それは、大発見だったのです。

それから数年して、私たち家族は2年半ほどヨーロッパで生活することになりました。このとき、フランスやイギリスの中産階級の家庭のリビングにテレビがないことに気づいたのです。

尋ねてみると「テレビは夫婦の寝室にある」と言います。テレビは基本的に朝起き

た時と夜半、夫婦だけの時間にニュースや映画を観るためのものであり、ときに夕食に友人を招いた際には、子供をテレビの前に置いておとなしくさせるために使う道具。お客様を接待する場所にあるのは不自然だ、というわけです。もっとはっきり言えば「リビングにテレビがあるのは、会話を楽しむだけの教養がない証拠」というイメージを持っているようです。

帰国した私はリビングのテレビを観ながら考えました。

「テレビには素晴らしい番組はたくさんある。でも、このままだと我が家の主人はテレビになってしまいそうだ。苦しい選択だけど、ここはひとつ心を決めて、テレビを居間から動かそう」

実際になくなってみると、拍子抜けするくらい何の不自由も感じませんでした。逆にリビングが広く使え、家族との会話が増え、食事が楽しくなった。いいこと尽くめです。

テレビは一種のドラッグです。中毒になることもある。

逆説的な言い方になりますが、私は日本でドラッグの氾濫を最近まで押さえることができたのはテレビのおかげだったと考えています。日本はアメリカよりもマリファナやドラッグの使用者が少なかった。その点では「テレビさん、ありがとう」という気持ちもあります。脳の思考を停止させて人々を癒す効果が高いんですね。ただし、子供をテレビで育てることはドラッグ漬けにしていることと大差ありません。

中学校ではアンチドラッグ教育を行っています。通常「ドラッグ」といえば「タバコ」「酒」「クスリ」の三つですが、私はここに「スマホ」と「テレビ」を加えています。決して「スマホ」や「テレビ」が悪いわけではないのですが、無条件に与えて中毒にするのは好ましくない。大人だって同じです。

ただ、最近のドラッグの蔓延状況を見ていると、テレビの持つ麻酔効果がそろそろ期限切れなのかもしれませんが。

もうひとつ、新聞を読むことについても、一度クリティカルに考えてみるべきだと思います。以前の私は毎朝、日経新聞の企業のニュースをチェックしないと気が済みませんでした。読まないと気持ちが悪い。それは一種の強迫観念だったのだと思います。

日本では新聞が「世の中に遅れないための保険」になっているように見えます。買っているのは情報ではなくて、実は安心なのです。多くの人が新聞の論調を、ほとんど無批判に受け入れ、自分の意見のように思い込んでいる。これは大変危険です。まずは新聞を取るのをやめてみる。読みたい時は、近くのコンビニで買ってくればいいのです。たとえそれが毎日であったとしても、自分から能動的に行動して「買う」という行為があるだけで、無条件の反復を避けることができます。

まずはテレビをリビングからどけてみる。そして新聞を取るのをやめる。

この二つを実行することで、生活はかなり変化すると思います。

情報に振り回されなくなるし、論説委員やコメンテーターの言説を自分の意見であるかのように勘違いすることもなくなるでしょう。

【仕事内容のリストラ】接待をやめてみる

サラリーマンにとって接待は重要な仕事……ということになっています。

「好きで飲んでいるんじゃない。これも仕事のうちなんだ」

「ゴルフは営業の一環。休みを返上して働いているんだ」

多くの人が自分にも家族にも、こう言い聞かせているのではないでしょうか。私自身もそうでした。とくに若い頃は毎日のようにお客様と一緒に飲み歩き、休日は接待先や仲間たちとゴルフに興じていました。

ところが30歳でメニエル病にかかり、生活は一変しました。飲み会も2軒目になると、途中で頭がクラクラし始めるのです。こうなると、その場にいても仕方がない。

9時か10時頃には、「申し訳ありません。私はこのあたりで失礼します」と席を立つようにしました。先方が2軒目、3軒目を望む時は部下や同僚に任せるようになったのです。

ゴルフをやめたのは実は病気のせいではありません。プライベートなスポーツに、職場での上司や部下の関係が見え隠れするのが嫌だったからです。ゴルフ帰りの高速道路で仲間の車が事故を起こしたこともきっかけになりました。

接待とゴルフをやめた当初は「本当にこれでビジネスマンとしてやっていけるのだろうか」という不安がありました。しかし、実際にはほとんどダメージがなかった。これは驚きでした。逆に自分のために使える時間、とくに読書時間が増え、生活の充実度が増しました。

メニエル病になる前の私は「人に嫌われたくない」という気持ちが強かった。接待もゴルフも「仕事」を名目にしながら、実は「付き合いの良い、いいやつ」を演じていただけなのだと思います。

私のように小さい頃から「正解主義」に慣らされてしまっていると、「いい子症候群」に陥りやすい。結婚式も葬式も宴会も、呼ばれればすべて顔を出す。いわば〝いい子ちゃんシンドローム〟です。

一足先にこのシンドロームから抜け出した先輩としてアドバイスするならば、まず、

(1)「嫌われたくない」「好かれなければ」という気持ちを捨てる。

(2)実際に結婚式や葬式を断る。飲み会や付き合いのゴルフもやめてしまう。

(3)自分が今までやってきたことを一旦、10分の1まで減らしてみる。

といった取り組みを実施してみてください。

それが簡単ではないことは十分理解しています。私自身、もしメニエル病にかかっていなかったら、接待という武器を捨てることはできなかったと思います。

その意味で私にとって「病気はチャンス」でした。

「すみません。私、メニエル病なので、これ以上はお酒をお付き合いできないんです」

メニエル病がどんな病気なのか、多くの人は詳しくないので、きょとんとしたまま私の言葉を受け入れるしかない。メニエル病は私にとって、かっこうの免罪符となったのです。

日本社会の場合、みんな一緒に行動する場面において、断ることを許されるのは「自分が病気」か、もしくは「家族に事情がある」か、の二つのパターンでしょう。

どうかみなさんも病気を味方につけてください。自分の病気を言い訳にして、どんどん断ればいいのです。

何かをやめることでしか、新しいことは入ってこないのですから。

【思考のリストラ】ポジティブシンキングをやめてみる

常に良いイメージを持たなければならない。

決して物事をネガティブに捉えてはいけない。

毎日、自分の目標を口に出して、必ず実現すると念じること。

このような、いわゆるポジティブシンキングを真っ向から否定するつもりはありません。経験から言っても、前向きな思考法は仕事を推進したり、夢を実現したりするためには、とても有効だと思います。イメージを言葉にできたほうが味方も寄ってきますし、何より具体的な目標になる。

しかし、たまには忘れてみることも必要だと思います。そこまでストイックになる必要はありませんからね。

私は校長だった頃、朝5時に起きてヨガをしてシャワーを浴びるという行動を日課にしていました。そのおかげで5年間、1度も風邪をひきませんでした。

これぞ、ポジティブシンキングの賜物ですが、校長を辞めた後はまったくしていません。当時に比べれば、今はずいぶんのんびり生きています。

ただし、1日の中にゆっくりできる時間があることの価値も考えなければなりません。実は次の仕事に入るための準備になっているからです。たまには暇であることも大切。

実際、1日の中に暇な時間があることに疑問や罪悪感を持つ必要はないのです。

ポジティブシンキングが行き過ぎた人は、はたで見ていて、ちょっと気持ちが悪い。講演の後などに、

「先生、最高のお話、ありがとうございます。これからはもっともっとがんばります。ウッス！」

などと言われると、「そこまで肩肘張らなくてもいいのになあ……」と思ってしまいます。とくに熱血コーチ系の人はちょっと苦手です。

面接でもやたらと前向きさをアピールする人がいます。プロの面接官として言わせてもらいますが、ずっとポジティブな発言ばかりのプレゼンテーションを聞かされても退屈なのです。

「自分はこれが苦手だから、乗り越えるための訓練をさせてください」

というように、マイナス面もさらりと表現できたほうが、その人の人となりが見え

てくるもの。

プラスイオンばかり放出していると面接官のプラスイオンとぶつかりあってしまいます。時にはマイナスイオンを出して相手のプラスイオンが寄ってくるよう仕掛けることは戦略として有効な手段です。

テレビに新聞、接待にゴルフ、そして、なんでもかんでもポジティブシンキング。いろんなことをやめていくと、自分と世の中の関係が観えてきます。

私は病気を境に、それまで明確な理由もなくやっていたことを、すべて見直しました。好きだった絵を買わなくなり、新車への買い換えを控え、洋服もほとんど買わなくなりました。乱読していた本もよく考えて選ぶようになりました。

断る勇気を持つこと。やめる勇気を奮い起こすこと。この二つで、人生は驚くほど変わります。今からでも決して遅くはありません。

18 リストラ後のあなたの武器は何か?

どうしてもやりたい仕事はあるか?

1984年、私はリクルート本社の広報課長兼調査課長に就任しました。ちょうどその時、社名変更と翌年が創業25周年にあたるということで、いくつかのプロジェクトが計画されていました。

私はこれを機会に今までの路線とは違う新しい企業イメージを打ち出す手段として、映画の製作ができないか、と考えました。ただし、映画を作る以上は、絶対に成功させたい。私は自分でも無謀だと思いながらも、ジョージ・ルーカスに直接、依頼の手紙を送りました。

「あなたには東洋の神が表現できますか。もしできるとお考えなら出資を考えたいと思っています。たとえば『孫悟空』でもけっこうです」

30年以上前の話です。こんな不遜なメッセージに応えてくれるわけがない、と思っていたのですが、なんと3週間ほどして返事が届きました。

「全編コンピュータグラフィックスで作らせてくれるなら、やってもいい」

思わず「やったー」と声に出して喜ぶと同時に「最低でも50億円はかかるな。会社にとってはあまりにもリスキーだ」と冷静に予測している自分がいました。この企画だけではプレゼンに通るわけがないと判断した私は、5億円くらいでアニメーション作品を作ってもらう企画も用意することにしました。

ちょうどその時、手塚治虫先生の『ブッダ』を読んで感動していたところでした。さっそく電話してみると、ご本人が会ってくださるというのです。最初の打ち合わせの席で、

「もしゲーテの『ファウスト』のアニメーション映画を作ることができたら、私は死んでもいい」

手塚先生は情熱を込めて私に語ってくれました。

社長をはじめ取締役会へのプレゼン当日。ジョージ・ルーカス案はさすがに規模の大きさから見送られましたが、『ファウスト』には、なんとゴーサインが出たのです。

その後、手塚先生には何度か会社を訪れていただき、シナリオの第一稿を出しても

らいました。ところが第二稿の途中で先生が入院され、会社の業績の悪化も相まってプロジェクトは中止になってしまったのです。

手塚プロに謝罪に訪れた私は、まともに手塚先生の目を見ることができませんでした。企画が通ったと伝えた時の笑顔や、「ああしたい。こうしたい」と夢をふくらませる神々しい顔も見ています。その夢をつぶしてしまった。怒られても、殴られても、縁を切られても当然です。私は身を固くして、ただ耳を澄ましていました。

そんな私に、手塚先生はこう語りかけてくれました。

「藤原さん。よくわかりました。しょうがないじゃあないですか。でも、私とあなたの会社との縁は、あなたがつくってくださった。どうかその縁を切らないでくださいね。私はどうしても『ファウスト』を作りたいから、また誰かパートナーを探します。必ず作ります。私が死んだ時には、その一本のフィルムだけお棺に入れてもらえばいいんです。藤原さん、できあがったら、必ず一番初めに観に来てくださいね」

私は下を向いたまま、ただただ泣いていました。

それ以来、私は困難に直面した時、「果たして自分の中に、手塚先生のように強い意志はあるだろうか。どうしてもやっておきたい。どうしても作っておきたいという、あの強い情念はあるのだろうか」

と問いかけるのが癖になりました。

どうしても、この仕事がやりたいのか。その問いにうなずけるのであれば、全身全霊を投じるべきでしょう。そこで得られる経験、知識、技術は、あなたにとってかけがえのない武器となるに違いありません。

100を基準に挑戦してみよう

私がリクルートで営業マンとして働いていた時のことです。「青山通りの左側のビルを1日100軒まわりなさい」と教えられていました。そうすれば妙な照れやくだらないプライドがなくなるからでしょう。まさに地獄の特訓でしたが、実行した新人はみな2カ月で、ほぼ一人前になれました。

政治家も同じで、初めは恥ずかしいと思っていた街頭演説も、回を重ねるごとに慣れてくる。私の知っている政治家はみな、有名になっても街頭演説をしています。心ある政治家は、街頭演説を自らのベースとしているのでしょう。

余談ですが、以前ある候補者を応援することになり、選挙カーに乗ってウグイス嬢の真似事をしていたら、「なかなか調子が良いので、応援演説もお願いします」と頼まれてしまいました。断れないまま選挙カーの上に立ったのですが、そのプレッシャーたるや想像を絶するレベルでした。講演会ならば2000人の前で話すこともなんともないのですが、誰一人としてこちらを見ていない状況で語りかけなければならない。心臓がつぶれそうでした。

もう仕方がない。私は「こんにちは。さだまさしです」とジョークを飛ばして歌うしかなかった。人生において街頭演説をする機会なんてほとんどないでしょうから良い経験になったと思うものの、もう二度とやりたくないなというのが本音です。

そんな街頭演説も数をこなすことで、緊張することなく語ることができるようになる。どぶ板営業も毎日100軒飛び込んでいると、恥ずかしさはなくなるし、嫌われないための振る舞い方や、相手をひきつける話術が自然と身につきます。

学生から「新卒試験、20社も受けたのに1社も決まらないんです」と相談を受けたら、私ならば「とりあえず100社受けてみなさい」とアドバイスします。新卒の時じゃないと、100社にアプローチするなんて不可能。かりにすべて断られるようなことがあれば、それで本を書けばいいのです。『なぜ私は100社とも採用されなかったか』というタイトルのレポートを持ってきたら、私なら一発で採用します。

新潮社から初めての著書を出版した時、私は100軒の書店をまわって売れ行きを観察しようと思い立ちました。すると30軒まわったところで、何となくその先のものまで観えてくるのです。自分の理想とする場所に本が置かれていない場合が多く、その理由もだんだんわかってくる。１００と決めて取り組むと、物事の本質が摑みやすいのかもしれません。

大阪府の教育委員会にも２カ月間の時間を与え「１００軒の小中学校にアポイントメントを入れたら私がそこをまわります」と告げました。結果的には25市町村55校をまわることになったのですが、それだけで和田中学校の方式が８割方通用する確信が摑めました。初期のネットワークや協力者も募ることができ、現場に入ってみないとわからなかったことがたくさん発見できました。

１０００本ノックでなくても、目標を「１００」に設定して物事をとり行うことは有効だと思います。古くから「お百度参り」という祈願の方法があるくらいですから、１００という数字には、ご利益《りやく》があるのかもしれません。

結果的に１００まで届かなくとも、途中で全体像が観えることが往々にして起こります。まずは数字を決めてからゲーム感覚で挑戦してみることをおすすめします。

20代、30代での「1万時間」をテーマにしろ

成長社会におけるひとつの宗教とは「がんばれば報われる」という教えでした。

学校でも家でも「がんばれ」と言われ、塾ではその10倍も「がんばれ」と言われる。そんな努力が報われる社会だったのです。

現在は、ただ猪突猛進型の努力をくり返すだけでは有効でなくなってきている。成熟社会が到来したからです。

ただし、だったらがんばらなくてもいいのか、と言えば、それは違う。量をこなさなければ身につかないことはたくさんあります。

前述した『天才！成功する人々の法則』には「天才と呼ばれる人々がどれほどの時間をかけて練習しているのか」ということが詳細に書かれています。著者によると、彼らの練習時間はおよそ1万時間に及ぶそうです。

人気が出る以前、ビートルズはハンブルクからの「朝から晩まで演奏できるバンドをよこせ」という依頼を受け、リヴァプールから送り込まれました。その頃の演奏時間は1日10時間が当たり前だったそうです。もちろん彼らの生まれ持った才能もあったのでしょうが、このような経験を経たからこそセンスが磨かれ、大スターとなれたのだと思います。

マルコム・グラッドウェルはこう言っています。

「成功した人は『才能とは資質』と答える。もちろんそうかもしれないが、その才能を開花させるのは練習量だ」

もちろん「おもしろい」と思わなければ1万時間も練習することはできないでしょう。逆に言えば、1万時間もひとつの物事を練習できることこそが才能なのです。

これは営業の仕事にも言えると思います。確かに営業マンはセンスがあってこそかもしれませんが、それよりもまずは「練習量」が問われます。初めはうまく話せなくても回数を積み重ねて行くうちにスムースに話が通るようになる。これは日々営業まわりをし続けた成果が生み出すものです。

リクルートに勤めていた頃は、朝と夜にミーティングを行っていました。課長がお客になって営業マンを鍛えるロールプレイです。何百回とくり返すうちに、新人もどんどん上達していきます。私はこの時、

「やっぱり場数を踏むことが何より重要なんだ」

と確信しました。とくに25歳から35歳の10年間は、どのフィールドでどれだけの練習量を重ねるかが未来を左右します。

私は決して会社に滅私奉公しろと言っているのではありません。自分のために、会社という組織を利用して、固有の技術を磨いてほしい。そのためには、やはり厳しく、長時間にわたる「練習」が欠かせないことを理解してほしいのです。

20代から30代前半で「ワークライフバランスが大切」と言われても、首をかしげざるを得ない。やはり、社会人になってから5年、10年は圧倒的なハードワークを経験すべきでしょう。

私のように病気になるまでやり抜くのは行き過ぎかもしれませんが、でも、だからこそ得たものは大きい。少なくとも若い頃にのんびりしていたら、今のような仕事や生活は実現しなかったと断言できます。

40代、50代になって、本当に豊かな仕事と生活を手に入れるためにも、若いうちに武器を手に入れておくことです。

あなたは何に対して、1万時間を投入しますか？

19 組織内個人を目指せ

会社が勝負するのではない、自分が勝負するんだ

30歳を前に管理職に就き、時には自分が本当にやりたい仕事ではない業務を任されることもありました。その影響もあってかメニエルにかかり、また手塚治虫先生との邂逅《かいこう》で、「このまま会社員を続けるべきだろうか」と考えることが増えていました。

私は新規事業の立ち上げのような仕事に燃える傾向があるようです。新しいサービスや商品を開発したり、それを実行するための組織を作ったりする時にはエネルギーがフルに発揮される。

逆にすでにできあがった機構のシステム化や合理化、コストダウンといった業務だと、今ひとつ気が乗りません。しかし、会社から命令されればサラリーマンとしてしたがうしかないし、部下の前で「俺はこの仕事、本当は向いていないんだよな」など

と言ったり、態度に表したりすることは絶対にできない。私の心は自分のやりたい事と組織への責任感の間で股割き状態になっていたのです。

それでも組織の設定したルールにしたがって競争し、結果を出せば評価される。そのゲームはそこそこ刺激的でした。しかもマンネリ化しかけた時に、二つの大きな事件が起こります。

ひとつは88年から89年にかけての「リクルート事件」です。値上がりが確実だったリクルートコスモス社の未公開株を受け取った政治家や官僚が次々と逮捕された事件で、リクルートの江副浩正社長も贈賄側として起訴されました。

その後の逆風はものすごいものがありました。報道はすべて「リクルート＝悪」の構図で、社員の子供たちが学校でいじめを受けるほどでした。仕事先ではうっかり社名を出すこともできない。これまでは「リクルートの藤原です」と言っていたのに、「藤原です」と自己紹介して、所属を聞かれて初めて「リクルートです」と付け加えるような始末。いつも、誰と会っても、責められ、問い詰められているような気分でした。

一方で、自分たちには贈収賄に関わった意識もないし、悪事を働いた覚えもありません。社員の多くが仕事に誇りを持っていましたから、「一部の関係者の行動によって愛する会社を傷つけられた」というのが実感でした。

私は中堅社員として「傷ついた社名と、自分たちが採用してきた若いスタッフ、そして育ててきた事業を守らなければならない」という思いに燃えました。最前線で指揮を執らなければなりませんでしたから、いつしか「リクルートに残るかどうか」という心の揺れは収まっていました。

実はこの時、多くのリクルートマンに新しい意識が芽生えました。

リクルートは徹底的に叩かれましたが、もともとひとりで動けるタイプの人間たちが団結したことで、お客様や読者が離れていくことはありませんでした。営業マン一人一人が会社の看板に頼ることなく、顧客や社会と向き合っていたからです。

とくにマネージャークラスは個人として信用を守った。社命ではなく自分の頭で考え行動したことが前代未聞の危機を救いました。この経験を通して、それまで「組織人」としての要素が強かった社員までも「組織内個人」として目覚めたのです。

もうひとつの事件は「ダイエーショック」です。リクルート事件から5年も経たないうちに、今度はダイエーグループに吸収されるという、私たち社員にとっては信じられないことが起こったのです。

どこにもない仕事を創出し続けようと努力してきたリクルートマンにとって、ダイエーによる買収は大きなショックでした。独立性や自主性が侵されるのではないか、という危惧もあった。

結果的には、ダイエーはリクルートの企業文化を尊重する戦略を採りました。といっても、すんなりと落ち着いたわけではありません。実はその陰に私を含めた30代の部次長たちの「静かな反乱」があったのです。彼らは「どうしたら自主性を保つことができるのか」を、自分たちの頭で考え、上司の指揮の範囲を超えて、陰に陽に行動しました（このへんの事情は『リクルートという奇跡』に詳述しました）。

この二つの事件でリクルートの社員の多くが「取引先や読者に認められるためには、会社のブランドに頼るのではなく、自分自身が勝負しなければダメだ」と感じるようになりました。誰もが「自分たちは何者なのか。自分には何ができるのか」という根源的な問題を、あらためて自らに問い直し、自分で再定義した。

組織にいながらにして、明確に個人を意識する存在である「組織内個人」という感覚を身につけたのです。

20 会社と個人の新しい関係を築け

自分にしかできない仕事をいかに続けるか

1996年、私は18年間勤めたリクルートを辞め、「フェロー」という立場でプロフェッショナルパートナー契約を結びました。

フェローとは、いったん会社を辞めて、あらためて会社と個人が対等の関係で共同事業をする契約のことで、「客員社員」とも訳されます。社会的な身分は自営業者。権力や保障はありませんが、代わりに時間的な拘束から解き放たれます。

実は企業には「管理職となると、自分がしたい仕事ができなくなる」という構造があるのです。自分の時間を以下の三つの業務に占領されるからです。

(1) 接待や部下との同行営業、これには社内接待の時間も含まれる。
(2) 部下の査定や人事の問題、これには部下との飲み会の時間も含まれる。

（3）会議とその根回し、これには関連部署との社内調整の時間も含まれる。

私はこれらを接待（Settai）、査定（Satei）、会議（Kaigi）の頭文字をとって「SSK」と呼んでいます。実際、取締役レベルのスケジュールを見れば、SSK比率が9割に達する人もいます。

仕事ができる人ほど偉くなるのですが、偉くなるほどSSKに時間を費やさざるを得ず、そのぶん自分のテーマを追う時間はなくなります。会議の進め方はうまくなっても、どんどん仕事ができない人になる。これが仕事と組織のパラドックスです。

リクルートを辞めた時、私はちょうど40歳で3人の子供を抱えていましたから、たくさんの人から「経済的に大変な時期なのに、どうしてそんなリスクを冒すんですか？」と質問されました。

しかし、実は質問自体がおかしい。パラドックスを意識していた私は、このまま会社に残るほうが、リスクが高いと考えたのです。「自分は偉い」という幻想にかまけて、定年する頃には外の社会では通用しない人間になっている。そのリスクのほうがよっぽど大きいからです。あるいは単にリスクを20年後に先送りしているだけ。だったら今あるリスクをそのまま抱えて前進したい。フェロー契約への移行は、そんな私の思いが表現された行動でした。

フェローは接待をせず、部下を持たず、会議にも出ません。スタッフと一緒に仕事をする場合、指導やサポートはしますが、人事考課はしません。政策立案と事業の評価に関わる経営へのフィードバックだけを手がけるので、根回しや報告などの会議に出る必要もありません。

私が部長だった頃、1日のうち約10時間を、このSSKに費やしていたので、自分が価値を見いだしている仕事に割けるのはほんの1～2時間でした。

ところがSSKをやめてみると、自分にしかできない仕事をやるのに、正味2時間もあれば十分。たった2時間で12時間費やしていた時と同じアウトプットが得られ、生産性もアップするのです。

「組織の中で偉くなりたい」と考えているエリートサラリーマンに、私は「権力を得る代わりに本来の〝自分の仕事〟が失われていく」「より大きな予算を使える代わりに〝自由〟が失われていく」と警告しておきたい。同時に覚悟と自覚があるのならば、精神的・物理的に自由な時間を生み出してくれる「フェロー」というワーキングスタイルを勧めたいと思います。

私はフェローを選択することで権力や保障を捨てる代わりに自由を手に入れました。その原動力となったのは「自分にしかできない仕事をやり続けたい」という強力な意志でした。これは手塚治虫先生の遺言とも根底でつながっています。

フェローになれば、個人でリスクを負わなければならない範囲は必然的に増えます。しかし、貴重な時間を仕事のために再投資したり、家族に向けたり、地域社会での貢献など、もうひとつの人生のために利用することができる。これはなかなか魅力的な選択だと思うのですが、いかがでしょうか。

組織内自営業を目指せ

フェローになると、組織と連携しながらも、実態は独立した自営業者です。一足飛びにフェローに行く覚悟がないとしたら、まずは組織の中にありつつ、自営業者的に振る舞うにはどうしたらいいかを考えてみるといいでしょう。

イメージは、士業と呼ばれる弁護士や会計士、介護福祉士や保育士といった人たちです。彼らは企業の内部に深く入ったり、あるいは組織の一員として働いたりしていますが、それぞれは国家資格を持った独立した存在です。

特徴は、普通のサラリーマンが持っていない突出した技術や知識、経験を持っていること。そのために勉強と実地訓練を積み重ねて、その道の専門家として活動しています。

つまり組織内で自営業者のような存在になるためには、特化したスキルセットを持っておくことが大切であり、そのための練習を重ねる必要があります。

ある能力によって組織と対等な関係が結べると、自分らしい働き方を求めて、会社と交渉することができます。たとえばノーベル化学賞を受賞した田中耕一さんは昇進の話をたびたび断り、ノーベル賞受賞時も年齢的には不相応な主任という立場だったそうです。その後も現場に残ることを求めたため、会社側が待遇を上げた上で現場に留まれる「フェロー」という職制を新設。田中さんは重役の申し出を断り、上級の研究員でいる道を選択されました。

こうした例を挙げると、技術系に限った話のようですが、営業マンでも同様です。実際、アメリカでは高い業績を上げた営業マンが昇進を断るケースが珍しくありません。「マネージャーになってほしい」と言われても、

「管理職になると部下を持たなければならないのでお断りします。今後も一定の成績は残しますので、年収を増やしてください」

と条件を出したり、

「一カ月のうち半分は自宅から直接顧客のもとへ向かえるようにしてほしい」

といった要望を伝えて交渉するのです。こうした選択の裏側には、「マネージャー

になった場合、部全体の業績が悪くなると簡単に首をすげ替えられるが、お客としっかりつながっている営業マンは会社としても辞めさせにくい」という実情もあります。

ともあれ、いかなる職種であっても、自営業者化は可能です。これからの時代を生きる読者には、その「かっこよさ」をぜひ実現してほしいと思います。

私は和田中学の校長在任中（2003年4月～2008年3月）、地域の職人や自営業者と語らう時間を積極的につくりました。畳屋さん、庭師さん、自動車修理工、海苔屋さん、工務店の社長、蕎麦屋さん、ラーメン屋さんの店主、日本刀の研ぎ師、飲み屋の女将さん……みんな頭の良い人でした。

「日本が世界に誇れるのは、政治家でもなければ、企業のサラリーマン社長でもない。市井に生きるこうした人々なんだ」

と心の底から感じました。暗記力を問うようなテストをすれば、サラリーマンのほうが平均点は高いかもしれない。しかし、彼らの頭の良さは、そんなところにはありません。たとえば話の本質にすぐに反応できることであり、揚げ足をとらないことであり、頼めばすぐに、しかも的確にやってくれるところです。一を言えば、二、三とわかってくれる頭の良さなのです。

みなさん、肩書きに頼らず、自分という人間をしっかり持っている。それに比べると、組織の中に埋没している人の何と魅力のないことか。

誤解してほしくないのは、私は何も「サラリーマンが悪い」と言っているわけではないんですよ。逆に会社ほど自分の武器が磨ける場所はない、と言いたい。企業は個人にとって最高の修業先（ビジネススクール）です。

ダメなのは会社の力に頼ろうとするマインド。寄りかかるのではなく、会社が蓄積した資産を使い、会社の中で自営業をやる感覚を持ちましょう。

サラリーマンとして自らを磨き上げれば、個人がブランドになる可能性もあります。個人が有名になれば、そんなブランドを輩出した会社として、企業側にもメリットが出てくる。持ちつ持たれつの、本当の意味での対等な関係が結べれば、これほど互いに幸せなことはないでしょう。

そのためにも、組織内自営業者を目指すべきです。

想像してみてください。バーのカウンターに座った時、右隣が庭師、左隣が畳職人だったら、あなたはどんな会話ができますか。「○○商事に勤めています」と言っても、職人さんは少しも興味を持ってくれません。あなたは、いかにして固有のスキルを彼らに説明するでしょうか。話は盛り上がるでしょうか。もし、彼らとともに杯を重ねられるような人物になっているのだとしたら、あなたはきっと、もう組織内自営業者なんです。

あなたは「企業人」か？　「起業人」か？　それとも「寄業人」か？

私は会社と個人の関係を「企業人」「起業人」「寄業人」の三つに分類しています。「企業人」はごく一般的な会社員です。成長社会のサラリーマンと考えてもらってもいい。入社した会社に忠誠を尽くし、異動したり、昇進したりしながら、一部は経営陣に加わることもあります。中には途中で脱サラや転職をする人もいるでしょう。

「起業人」は自ら新しい組織を作るアントレプレナー。リクルートにはこのタイプが多く、自ら培ったノウハウや人脈を生かして、まったく新しい事業を立ち上げます。かなりのヴァイタリティと才能が必要だし、大きなリスクを抱えることになるので、全体から見れば絶対数は限られています。

最後の「寄業人」は見慣れない言葉だと思います。これは組織とパートナーシップを保ちながら、組織に寄って仕事をする個人を指します。「寄《よ》らば大樹《たいじゅ》の蔭《かげ》」ではないんですね。ヨーロッパではセルフエンプロイと呼ばれ、「自営業者」に近い感覚です。士業をはじめ、新聞記者やテレビのディレクターなども寄業人的資質があると思います。あえて組織を離れず、組織にいながら個人を押し出すことができるイメージです。

会社の中で個人が目覚めるために大切なのは、会社と個人が互いに合意できるテーマ、いわば「ツボ」を発見すること。

次のページの図で説明します。企業が持っている力を「Ｃベクトル」、個人が持っている力を「ｉベクトル」とすると、異動したり昇進したりしながらＣベクトルの周辺を行き来するだけの人は「企業人」です。うまくいけば頂上まで昇れるかもしれませんが、もちろんこぼれ落ちることもあります。

旧来の企業観では護送船団のようなＣベクトルに、無思考で乗っかっていけばオーケーでした。しかし、現在はリストラやコア事業への集中によってＣベクトル自体がスリムになっています。そこで出世して幸せを摑んでいこうとする戦略は、相当確率の低い賭けになります。

一方で組織に属しながらｉベクトルの周辺だけにとどまる人はどうでしょうか。団塊の世代がよく言う「マイホーム主義」や、『釣りバカ日誌』の浜ちゃんのように仕事を放って趣味に徹する生き方も、どこか違和感があると思います。実際そのようなスタイルを長期間にわたって継続するのは、それはそれで難しいことです。

ではどうすれば会社と個人の両方に利益をもたらす生き方ができるのか。まずは個

これからの会社と個人の関係とは？

寄業人（組織内個人）

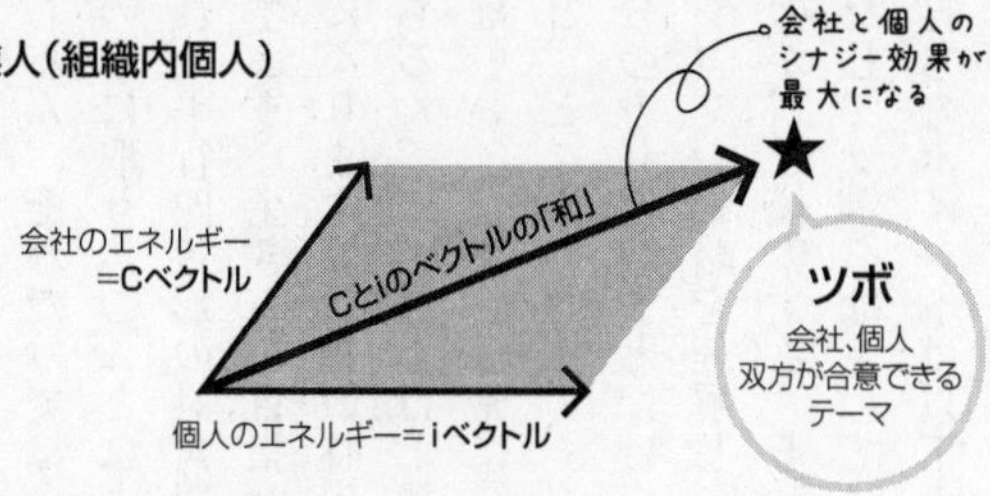

マイホーム主義者

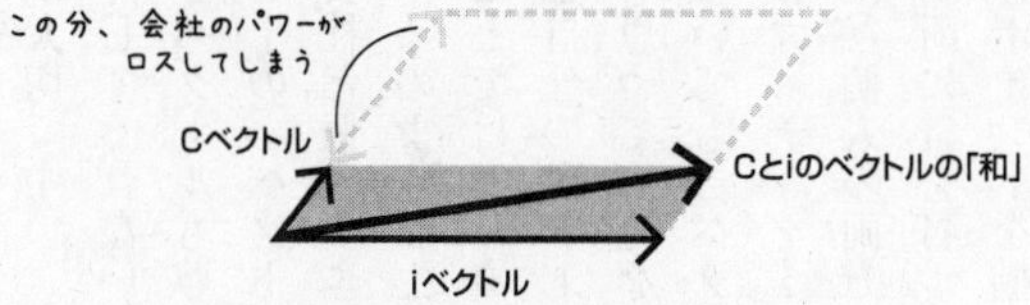

企業人（会社人間）

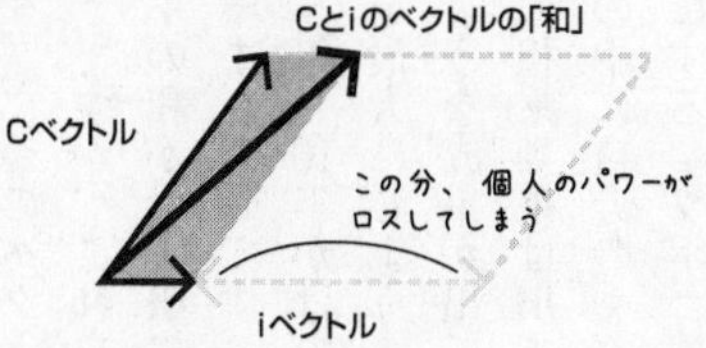

人としての行動や思考に時間を割いて、iベクトルを外側に向かって、そもそもCベクトルとは違う方向に育てることが大切です。

もちろん、それだけでは会社が許してくれないでしょう。個人の力を仕事に生かし、組織の中に取り込むことによってCベクトルも尊重します。二つのベクトルによって作られた平行四辺形の対角線がCとiの「ベクトルの和」ですが、これを最大に引き延ばすような生き方を目指せば、会社と個人のエネルギーの和が最大限に発揮されることになります。新しい時代には、このような生き方が望まれるのです。

もちろん、口で言うほど簡単なことではありません。5年、10年かけて追い求めていけばいい。ただし、常に「会社と自分のベクトルの和を最大にしよう」と心がけていると、どこかの時点で、自分でも思っても見なかったような成果が出てきます。

自分のやりたいことだけをやっていてもCベクトルとの相乗効果は出ません。組織のビジョンや戦略を理解し、それにマッチングするものの中に自分のやりたいことがあるのか、と模索する。それが会社と個人の両方を幸せにする「ツボ」になります。

ただし、ツボをはずして誤った場所に針を打ってしまうと大変です。私の経験上、ツボ打ちのポイントは以下の三つのポイントを揃えることです。

（1）みんなの目にわかりやすいアクションであること（可視性）

（2）個人としてもぜひやりたいと思えるアクションであること（共感性）
（3）すぐに体を動かせる具体的なアクションであること（運動性）

この三つの条件が揃った事業やアクションを外部環境の変化を考慮しながら打っていけばいい。それが組織内個人である「寄業人」としての生き方です。

Chapter

5

コミュニティ

つなげる力で
仲間を増やす

21 結婚で「ベクトル合わせ」の技を磨け

夫婦は「なる」のではなく「する」もの

最近は結婚を就職活動に見立てた「婚活」という言葉が一般的になりました。確かに「結婚できないけれど、したい」という人は増えているようです。

それも当然のこと。年功序列、終身雇用が崩れ、男性の将来収入の見通しが不透明になりました。女性が社会進出することによって「一人でも生きていける」総合職の女性が増えた。価値観が変わり「お見合い」や「職場結婚」が減ったことも一因でしょう。

私は、ある面では「結婚しなくてもいいのではないか」と思います。結婚が「正解」だった時代には、結婚していない人、とくに女性は少なからず蔑視されましたが、これはおかしい。結婚という選択をせずに個人の理想を追求していく生き方も素晴らしいと思います。

あるいは、まずは結婚してみて、どうしても合わない場合は離婚するというスタイルも否定しません。私自身は30代前半で結婚して、それなりにうまく継続できていますが、出会いは偶然の産物。一度の選択でベストハーフになるのは、かなり幸運なことだと認識しています。

アメリカでは、一、二度離婚を経験してから40代で結婚をするとほとんど別れないと言われているそうですし、じっくりパートナーを探していくのもひとつの方法でしょう。ともかく結婚にも一般解がなくなったということです。一人一人いろんな考え方があっていいし、選択があっていい。

ただ一方で、結婚生活を続けることによって、社会人として鍛えられ、人生が豊かになるということも実感しています。

夫婦と言っても所詮は他人。お互いにまったく違う育ち方をしている二人が契約によって「夫婦」という形になることが結婚です。とくに子供ができるとお互いが「他人同士」だということが端的に表れてくる。それぞれ、自分が育てられたように子供を育てようとするからです。葛藤も生まれます。

ここでポイントとなるのが、会社と個人のところで説明した「ベクトル合わせ」。

自分の理想的な生き方を追求しながら、相手の生き方も尊重して、両者が納得のいくツボを探し続ける。そんなベクトル合わせをすることなしに、結婚生活を円満に過ごそうなんて無理な話です。

しかも人間は常に変化します。自分も変われば、相手も変わる。子供が生まれたり、親が亡くなったり、家族の構成もどんどん変化していきます。だからいつも「ベクトルを合わせよう」という意識を持っていなければならない。結婚相手と一緒に暮らすことは、無限のベクトル合わせを行うということなのです。

「正解主義」で正解の相手を求めるのではなく、結婚してから「修正主義」で試行錯誤していけばいいということ。なんか、気が楽になりませんか？

恋人同士の時には、互いに相手のいいところしか見ようとしませんし、共通しているところを探しますから、潜在的な欲求も含めた相手のｉベクトルを総合的に把握することは難しい。「結婚式の当日から違う人格になった」などという話も聞きますが、そういうことも起こるのが現実です。

変化にいかにして対応しながら、自分のベクトルを強め、かつ相手のベクトルとの調和をとっていくか、が結婚生活を豊かにするカギなのです。そのためには、当たり前のことですが、まず相手を「他者」として認識しなければなりません。

フランスで暮らして驚いたのは、夫婦であっても「どこまでも他人」という意識を持った人がほとんどだったことです。本人たちも社会も、夫婦の前に個人という感覚を大切にしている。たとえば夫が郵便局で妻の荷物を受け取ろうとしても断られます。本人でなければ荷物は渡さない。

他人という認識があるからこそ、褒めあうこともできる。その意味では、やはり演技力が重要になってきます。夫婦というロールプレイングで、家族を「する」ということ。夫婦も「なる」のではなく、「する」という感覚が必要になってきました。

22 家族と仕事以外の「第三の場所」を持て

「ドテラ」により和田中は生き返った

和田中に赴任して初めて直面した問題は、月曜日の学校に覇気がないことでした。1週間の始まりなのに、空気が淀んでいて、子供たちの反応が鈍いのです。

原因は週休2日制によって子供たちの生活習慣が乱れがちになっていることでした。金曜日の夜はゲーム三昧で、土曜日の朝は寝ているかテレビ漬け。土曜の夜も日曜も、これと同じパターンで生活のリズムを崩してしまうのです。実際、土曜日にクラブ活動がある子は月曜日もいきいきと登校してくる。そこで私は「むしろ土曜日にも学校を開くほうがいいかもしれない」と考えるようになりました。

「土曜日の午前中、生徒たちを集めて宿題や漢字の練習などをする自主的な学習の場を設けてはどうだろうか。ただ、それを教師に押しつけるのは気の毒だ……」

思いついたのが、教師志望の大学生にボランティアとして来てもらうことです。

２００４年１月に試験的に開始し、「土曜寺子屋（略称・ドテラ）」として本格的にスタートしたのが同年の４月。４年後に退任する頃には、学生ボランティア（略称・学ボラ）が30～40人、生徒は１００人を超えるほどに盛り上がりました。

教職員に負担を掛けず、地元の有志や大学生など「地域の教育資源」を生徒たちと結びつけることで、生活習慣の問題も改善され、和田中は「学びのコミュニティ」としての姿を取り戻すことができたのです。

ナナメの関係を作ろう

私は学ボラのような存在を「ナナメの関係」と呼んでいます。

親子や教師と生徒はタテの関係、友だちはヨコの関係、そして利害関係のない第三者と子供との関係がナナメの関係です。

地域のコミュニティが自然に運営されていた頃は、質問ができるお兄さん、悩みが相談できるお姉さんが、いつも近くにいました。おじさんたちは父親と違う雰囲気を持っていたし、だからこそいろんな話ができた。学校や家庭よりも適度な距離感が保てて、良い意味でいい加減で寛容性のある存在。そんなナナメの関係が、今の子供たちには圧倒的に不足しています。

実は、大人にとってもナナメの関係は大切です。たとえば橋下大阪元府知事から特別顧問の依頼があった際、私は「半年で必ず結果を出します。お金は一切いりません」と宣言しました。これには周りにいた人たち全員が驚いていました。もし報酬をもらったら、どうしてもタテの関係が発生してしまいます。改革は痛みを伴いますから、反発も大きい。そんな時に「報酬なしで動いています」と言うと説得力が増すのです。これも一種のナナメの関係です。

逆説的ですが、利害関係のない第三者の関係が、個人に大きな利益をもたらすことは珍しくありません。

たとえば「学校でボランティアとして活動しても一円の得にもならない」と思うかもしれませんが、10年後に大きな資産となって返ってくる可能性は高い。次の時代の武器を手に入れたいのなら、お金を払ってでも自分を鍛える場所に飛び込んでいくことが大切なんだと思います。

和田中で図書室の改造を企画した時のことです。死蔵されている図書を廃棄し、子供たちが読みたい本に入れ替えるとともに、施設自体をもっと利用しやすいように変えていく。これは想像以上に大掛かりなプロジェクトでした。

私は計画の段階から赤木かん子さんに頼んで、監修者として関わってもらいました。全国の公立図書館を飛び回り、魅力ある図書館作りについて豊かなノウハウも持つカリスマです。

プロジェクトが始まると、生徒、保護者、地元の本好きの人、赤木さんを師と仰ぐプロの図書館司書が手伝ってくれました。

とくに手弁当で参加してくれた司書たちには頭が下がる思いでした。全員に「赤木さんとの作業に参加することが、司書という仕事を充実させるためのまたとない研修の場になる」という高い意識がありました。

広島から来た司書は三日三晩、赤木さんとの作業に没頭しました。もちろん報酬はゼロ。それどころか交通費も食事代もすべて個人負担です。ただし、これは自己犠牲ではなく、自分へ投資する行為なのです。ナナメの関係だからこそ生まれる、清々しい仕事でした。

ドテラも同じで、学ボラには1回につき1000～2000円の交通費を払うだけ。横浜から通ってくれた学生などは、往復するだけで赤字です。

それでも生の中学生の疑問に答えられる機会は滅多にないので、自分を高めるという意識で参加してくれました。教員を目指している彼らにとっては絶好のチャンスだし、十分にリターンがあったと信じています。

このような有償、無償のボランティアを単なる自己犠牲だと思わないでください。自分を鍛える場として、ナナメの関係を積極的に構築していってほしいと思います。

23 ポイントは「動機づける技術」と「戦略的行動力」

相手のことをロールプレイして動機づけよ

物事を動かしていくには「動機づける技術」と「戦略的行動力」が大切です。

プロジェクトを進める時、個人の力だけではどうしても限界がある。政治家になって権力で人を動かすか、起業家になって金の力で人を動かすことは可能かもしれませんが、そうした選択をしないのならば、他者とのネットワークを大切にしなければなりません。それを私は「つなげる力」と呼んでいます。

人と一緒に仕事をして高い成果をあげるには、相手に気持ちよく動いてもらうことが大切です。誰もが自分のシナリオ通りに動いてほしいと思っているのですが、相手には相手のシナリオがある。

ここで必要になってくるのが自分と相手とのベクトル合わせです。自分のシナリオと相手のシナリオが一致するところに必ずツボがある。そこを探るのです。

ベクトル合わせでは、ロールプレイングの能力が大切です。相手の身になって相手がどんなシナリオで動くかを考えてみる。私が初対面の人にライフストーリーを尋ねるのも、相手にとっては何が一番大切なのか、相手が描いているシナリオを読み取るためです。

相手のシナリオは、立場や職種によっても大きく異なります。ビジネスパーソンの多くは、「もっと多く給料を取りたい」「昇進したい」という気持ちを持って仕事をしますから、「昇進を匂わせたら急に仕事に情熱を傾けるようになった」というケースも珍しくありません。

これに対して学校の先生はお金ではなかなか動いてくれない。そもそも校長に給与額を決める権利はありませんし、「将来、校長や教頭に昇進したい」と考えている教師は1割にも満たないと思います。

だから、その先生個人のシナリオを読み取らなければなりません。実際にクラスの中でどんな問題を抱えているのか。本当は生徒たちに何を教えたいと思っているのかといった情報を聞き出すことが重要になります。

たとえば、文科省の指導要領に沿って授業を進めている国語の先生は、実は古典をもっと深く教えたいと思っているかもしれません。あるいは、習字の授業をしっかりやりたいと考えているかもしれない。私は校長に就任してすぐに、一人一人にじっくりインタビューしました。それも最低でも3回。初めから本音を話してくれるわけがないからです。

偉くなると目下の話を聞かなくなりがちで、自分が聞かれるほうの立場だと勘違いしてしまう人が多いようですが、まったく逆ですね。

相手を説得するのではなく、考えをうまく引き出すことが先。これが動機づけの最大のポイントです。

最短の期間でツボを見極め、最小のチカラで叩け

「戦略的行動力」についても、やはりツボを押さえられるかどうかがカギです。

戦略的でないマネジメント法は、四方八方、ボタンを押してしまうこと。もちろん、いくらでも予算と時間を使っていいのならば、戦略的に行動する必要はありません。反応するまで、いくらでもボタンを押し続ければいいでしょう。

しかし、ほとんどのプロジェクトでは予算も時間も限定されますから、どこに集中するかが重要になってきます。最小限の努力で最大限の効果を得るには「レバレッ

ジ」、つまりテコの応用が必要なのです。

では、どうすればレバレッジが効くのか。和田中の例で説明しましょう。

私が就任する前、学校の中で最も閉ざされていたのは校長室でした。これは和田中に限らず、どこの中学校でも同様でしょう。だからこそ「ツボだ」と思ったのです。

私は「今日から校長室を開放します」と宣言して、一学期の始業式の日からドアを開けたままにしました。生徒が「今、入ってもよろしいですか」と尋ねて私が了承したら、たとえ私が来客者と談話していても、横に座ってマンガを読んでいていいのです。

まず、訪ねてこられるお客様が驚きます。中学生が校長室にどんどん入ってくるのは、ある意味では異様な光景です。これで「和田中はおもしろい取り組みをしている」という話が外部にも伝わっていきます。

噂という意味では、校内ではさらに効果がある。校長室に入ってくる生徒は、自然と私が話している内容を聞きますから、教室に戻ったら「さっき校長がこんな話をしていたよ」と友人に話す。私は教師と話をする時に、基本的に褒めますから、その内容はあっという間に生徒たちに伝わります。実際、私が校長室を開放していることは瞬く

噂は当然ながら親にも伝わっていく。

間に生徒から親へと伝わりました。出入りが自由でマンガも読める校長室なんて今までありませんでしたから、親同士でもかっこうの話題になったのでしょう。狙いどおりでした。

逆に言えば悪口を言っても、同じようにレバレッジが効きますから、噂は一気に広がり、信用は地に墜ちます。レバレッジを意識した取り組みをする時は、その点に十分注意してください。

コロナ後も生き残るレバレッジ

私は今、日本に教育革命を起こそうと考えています。しかし、当然ながら個人の力など限られている。旧体制と全面戦争すれば、圧倒的な力でつぶされてしまうでしょう。だからこそ、レバレッジを効かさなければなりません。

大阪府教育委員会の特別顧問に就任したのは、直接的には橋下元府知事からの要請でしたが、私にも狙いがありました。全国の教育委員会の人たちとの対話の中で大阪の話が出てくると、決まって「あそこは絶対に変わらない」と誰もが口にしたからです。その大阪が動けば、他の地域も動くに違いない。私は全国を動かすツボを発見したのです。

私は人生にもレバレッジを効かせることが大切だと思います。まずは何でも「やってみなければわからない」というスタンスでチャレンジしてみる。試行錯誤を通して「ここがツボかな」と思ったら、そこに思いっきり飛び込むのです。

不動産がレバレッジだった時代は終わりました。では、現代において何が「ツボ」なのでしょうか。

最後まで読み進めてくださったあなたなら、もうすでにお気づきでしょう。それは「人」と「物語」、そして「人と人との関わり」です。「それぞれ一人一人」になるからこそ、人とつながっていくことがレバレッジになる。

これからを生きる読者には、自分を磨き、有機的で素晴らしいネットワークを構築することで、世界を変革してほしい。そう、私は期待しているのです。

「修正主義」で生きる時代(右)へ

情報編集力

- OECDのPISA型学力
- 成熟社会に重視される学力
- 知識を実社会で応用するためのリテラシー
- 国際的な競争力を問う場合の「学力」
- 「納得解」を導き出すチカラ
- 記述試験をして評価しなければならない
- フィンランドが3回連続世界一になった
- 試行錯誤の中で状況にあった解を探すこと
- 頭の柔らかさ
- 要素と要素同士の関係性に目を向けること

つなげる力

- 文章題、図形問題、グラフの読みに強い
- 作文が上手い
- アメリカ大陸発見後に世界はどう変わった
- 鎌倉幕府からの武家社会と現代の共通点は
- 壁に落書きをするのは自分ならこう考える
- 違う見方もあるかもしれない(複眼思考)
- 他人の意見を参考に自分の意見を構築する

クリティカル・シンキング

- 便利さを享受するため失っているものは
- いいものを大事に使って知恵で使いまわす
- エコ製品を作るための環境負荷は如何に
- 自分のリスクをネットで比較して研究する
- 捨てる前に誰かが使ってくれないか探す
- お金を使う前にできることはないか
- この会社でも「納得解」にならないか
- この仕事を工夫しておもしろくできないか
- 基本的な生活習慣を変えられないか
- 冷蔵庫を覗いて有り合わせの料理を作る
- ホームページを他人のサイトとリンクする
- 編集者として生きる(人生は一冊の本)

→ **21世紀 成熟社会**

「それぞれ一人一人」

レゴ 型学力 — 修正主義で生きる

あとがきにかえて

35歳の「学力マップ」

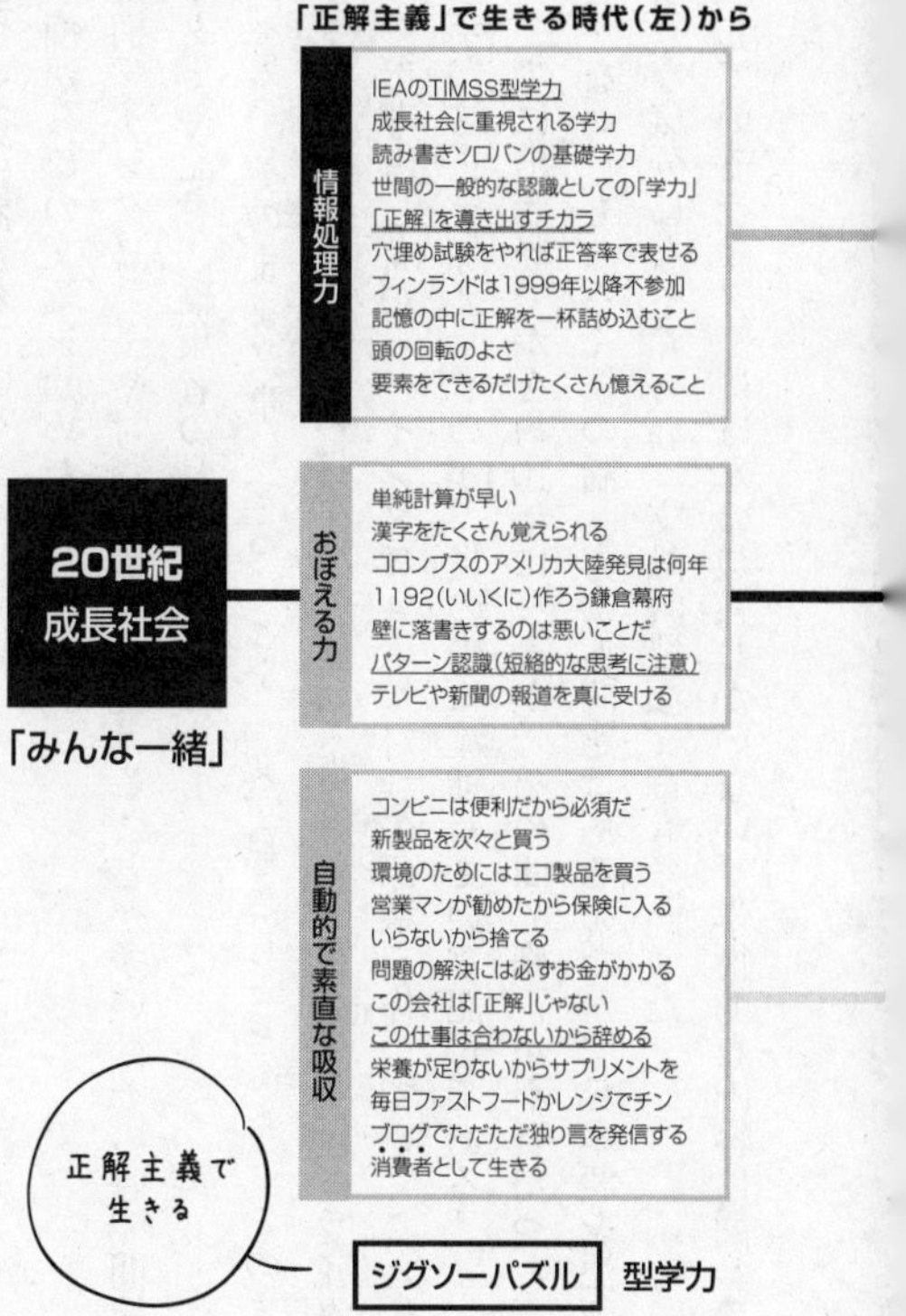
「正解主義」で生きる時代(左)から
情報処理力
IEAのTIMSS型学力
成長社会に重視される学力
読み書きソロバンの基礎学力
世間の一般的な認識としての「学力」
「正解」を導き出すチカラ
穴埋め試験をやれば正答率で表せる
フィンランドは1999年以降不参加
記憶の中に正解を一杯詰め込むこと
頭の回転のよさ
要素をできるだけたくさん憶えること
20世紀
成長社会
「みんな一緒」
おぼえる力
単純計算が早い
漢字をたくさん覚えられる
コロンブスのアメリカ大陸発見は何年
1192(いいくに)作ろう鎌倉幕府
壁に落書きするのは悪いことだ
パターン認識(短絡的な思考に注意)
テレビや新聞の報道を真に受ける
自動的で素直な吸収
コンビニは便利だから必須だ
新製品を次々と買う
環境のためにはエコ製品を買う
営業マンが勧めたから保険に入る
いらないから捨てる
問題の解決には必ずお金がかかる
この会社は「正解」じゃない
この仕事は合わないから辞める
栄養が足りないからサプリメントを
毎日ファストフードかレンジでチン
ブログでただただ独り言を発信する
消費者として生きる
正解主義で
生きる
ジグソーパズル
型学力

【文庫版特典エッセイ】

読んだら、今日から始めよう

古市　憲寿

この社会はチャンスにあふれている

一つの愚痴からこの文章を始めたい。

僕は職業柄、インタビューや対談の依頼を受けることが多い。その時、問題になるのが、ライターや記者、編集者のレベルである。

話した内容を、そのまま文章にすることを「文字起こし」という。このままでは「原稿」にならない。話し言葉には重複や矛盾、勘違いも多い。そこでライターは、文字起こしを参考にしながら、インタビューや対談の原稿を作っていくことになる。最後に話し手が修正を加えたものが、世の中に流通している記事である。

僕がメディアに出始めてから約10年になるが、その間で修正が不要だった原稿は数えるほどしかない。もちろん僕の話し方にも問題はあるのだが、日本語を添削している教師のような気分になるくらい、支離滅裂な文章も多かった。

僕が信頼しているライターはほんの数人しかいない。学術的な内容に関わるインタビューや対談なら斎藤哲也さん。小説に関しては、いつも著者に気付きを与えてくれる吉田大助さん。女性誌での対談連載を的確にまとめてくれる浅原聡さん。

何百人のライターと仕事をしてきたはずなのに、固有名詞と共に「この人の仕事は信頼できる」と思いつく人は、数えるほどしかいないのだ。

「できる人がいない」。こんな愚痴はいたる業界で聞く。

たとえば日本のコンテンツ業界で脚本家は未曾有の人材難だ。

地上波のドラマや映画だけではなく、Netflix や Hulu など配信媒体が増える中で、きちんと物語を作れる人の数は限られている。

他人を楽しませる物語を作るには、守るべきルールがいくつかある。

それは才能に関係なく、学べば誰でも習得可能な法則だ。『SAVE THE CAT の法則―本当に売れる脚本術』（フィルムアート社）でも『ベストセラーコード―「売れる文章」を見きわめる驚異のアルゴリズム』（日経BP社）でも何でもいいのだが、小説や脚本に関する本を一冊読めば書いてある。それは秘密でも何でもない。

たとえば物語の主人公は明確な目的を持つべきである。どこへ向かうかわからない話は、観客にストレスを与える。「一見するとできそうに見えて、最後まで活躍しない主人公」なんてのも最悪だ。

それにもかかわらず、その法則を無視したドラマや映画が溢れている。もちろん、あえてルールから逸脱して、一部の玄人に向ける作品があってもいい。だけど明らかなヒット狙いにもかかわらず、「それは駄目でしょう」というコンテンツも多い（具体的な作品名を理由と共に列挙したいところだが、藤原さんの本なので止めておく）。

何が言いたいかというと、多くの業界は「人材難」ということだ。ＩＴ企業では優秀なエンジニア探しに躍起になっているし、炎上対策で上場企業も芸能事務所も優秀な広報担当者を欲しがっている。

言い方を変えれば、この社会はチャンスに溢れているということになる。もちろん誰でもいいというわけではない。先ほどの「人材難」という言葉は、正確には「（※ただし有能な人に限る）」という注が入る。

「有能な人」になる方法

では、どうしたら「有能な人」になることができるだろう。

まさに本書や、藤原さんの他の著作物を読んで欲しいが、僕がこの本の中で最も興味を持ったのは「約1万時間」という数字である。

世の中には「天才」と呼ばれる人がいる。ではその「天才」はどれくらいの時間を練習に費やしたのか。実に「1万時間」だというのだ。1日10時間として1000日（約3年）。1日2時間なら5000日（約14年）。

「天才」になれなかったとしても、何かをものにするには、絶対的な練習時間が重要なのは事実だろう。「好きこそものの上手なれ」は正しいのだ。

しかし、この本の想定読者は35歳のはず。今から必死に何かを習得しようとして、毎日2時間の練習を続けても、ものになる頃には49歳である。しかも同じ1万時間を費やすにしても、若い方が有利なことも多い。

絶望的である。時間は巻き戻らない。やり直しは効かない。

しかしここで、岩瀬大輔さんの『入社1年目の教科書』（ダイヤモンド社）を読んでおけばよかったと後悔する必要はない。

なぜなら、35歳の人は35歳なりに、すでに「1万時間」の何かを持っているはずだからだ。それは「プログラミング」や「ピアノ」など、わかりやすい形での「1万時間」ではないかも知れない。

しかし必死に思い出してみて欲しい。20歳か22歳から1日8時間、週5日働き続ければ（実際にはもっと長時間という人が多いだろう）、35歳までの総仕事時間はざっと3万時間である。天才になるための練習時間の何と3倍だ。

その中で「1万時間」に達しているものはないだろうか。「取引先や上司へのプレゼン」でも「お客さんとの会話」でも何でもいい。もっと曖昧に「コミュニケーション」や「上司や同僚のサポート」でもいいだろう。それこそが、あなたにとっての「1万時間」であり、あなたが得意だと胸を張ってもいいことである。

本書で藤原さんが言うように、「継続したものが本当の武器になる」。だから、これから「自分探しの旅」に出るなんていうのは、あまりにも馬鹿げている。中には「本当に何もない」という人がいるかも知れない。しかし安心して欲しい。僕は『アスク・ミー・ホワイ』(マガジンハウス)という小説で、登場人物の一人にこんな台詞を言わせてみた。

「過去はね、変えられるはずなんだよ。もしかしたら、未来よりもずっと簡単に」

過去とは記憶である。記憶の集積は、解釈によっていかようにも姿を変えることができる。だから「1万時間」がないという人は、過去を組み合わせて、自分のための物語を作ってしまえばいい。この際、「1万時間」も誤魔化していい。

そうやって「自分はこれに時間を使ってきた」という何かを見つけたら、間違いなく自信が生まれてくるはずだ。

たった一つの自信が人を強くする

実は「1万時間」なんてなくても、自信さえあれば、この社会である程度まで活躍することはできる。

なぜなら、世の中のほとんどの人には自信がないからだ。他人から見れば非常に有能な人でも、自信満々ということは少ない。むしろ「できる人」ほど、自分の能力を客観視できているから、自信を持てない場合も多いのだろう。

それくらい自信は重要だ。勇気と言い換えてもいい。どうしたら自信や勇気を持つことができるのか？

それは発見であると思う。「少なくとも、これがあれば生きていける」。その自分自身に対する気付きが自信を生むのだ。

しかし才能なんていうものは、上を見ればきりがない。どんな業種にも神様のような人がいて、そんな文字通りの天才と自分を比べても自信をなくすだけだ。

そこでお勧めしたいのは「できない人」を探すことである。

「この人は、なぜこんなひどい仕事ぶりなのに評価されているのだろう」
「この資料は内容が支離滅裂なのに、誰も気にしていない」

そんな風に、誰かの「ひどい仕事ぶり」に出くわすことがあると思う。そんな時はチャンスだ。自分が他人よりも得意なことを発見できたわけである。

競争の基本は、ライバルが弱く、自分が苦労なく継続できる領域を探すことだ。ライバルが弱いということは、それだけその業界に需要があることを意味する。

テレビやYouTubeを観ていても「なんでこんな人が活躍できているのか」と思う時があるかも知れない。本当の意味で彼らが有能かどうかはわからない。確かなことは、彼らには自信や勇気があったということだ。

批判される覚悟で、人前に立つ。少なくともその一線を超えている。

かつての日本では出る杭は打たれる社会だと言われてきた。今でも同調圧力が強いことは確かだろうが、たくさんの杭が出始めていること、そしてその出る杭に憧れる人々が大勢いることもまた事実だ。

必ずしも人前に立つことが素晴らしいとは思わない。

だけどほんの少しの自信や勇気を持つことで世界が変わりうる可能性は大いにある。せっかく「1万時間」の準備がある人も、それを誰かに見せたり伝えたりしなければ、歴史の上でその「1万時間」はなかったも等しくなってしまう。

誰かが主人公の魅力に気づいてくれる物語は多いが、現実では自分から発信しない限り、なかなか他者には届かない。

もしもやりたいことがあるなら、それを口に出してみるべきだ。スピリチュアルな意味ではない。知り合いにどんどん自分の夢や希望を話していると、自然と情報が集まるようになる。仲間が見つかることもある。夢は絶対に胸に秘めたままでは駄目だ。「1万時間」どころか「100時間」や「1000時間」でも、努力の成果を披露しないのは、あまりにももったいない。

世界を一つにしぼらない

この本で繰り返し説かれているように、社会のルールが変わろうとしている。新型コロナウィルスの流行は、その勢いを加速させた。いざという時に、世界の国家がどれだけ当てにならないかも明らかになった。

そんな時代に、ますます重要になるのは「自己決定」だと思う。ただ何となく生きているだけでは、とんでもない場所にたどり着いてしまうかも知れない。生き方は、自分で決めるしかないのだ。

所得や学歴よりも、自己決定が幸福度を高めるという研究がある。自分の意志で人生を選択してきた人の方が幸せだというのだ（西村和雄・八木匡「幸福感と自己決定」）。

確かに、自分で選んだことに関しては、主体的に行動できるし、その結果も受け止めやすい。誰かに命令されたり、流れに任されて関わったことでは、そうはいかないだろう。

しかし「自己決定」とは怖いことでもある。先の見えない時代、確信とともに何かを決めるのは難しい。

そんな時に重要になるのは、「世界を一つにしぼらない」という考え方だ。

僕は、できるだけ複数の世界に身を置くようにして生きてきた。

大学卒業後は、友人とのスタートアップ企業に関わりながら、大学院に進学した。最近ではテレビなどマスコミにも出演しながら、小説やエッセー、論文などを書いている。その他にも、裏方として関わる仕事も多い。

一つの世界の弊害は、そこでの評価軸が全てになってしまうことだ。

もしも学者として生きていこうと思ったら、年長の研究者からの評価、大学内でのコミュニケーションなど、気を遣うべきことは多い。

しかも閉鎖された集団のご多分に漏れず、大学は嫉妬と憎悪が渦巻く空間だ。足の引っ張り合いから、子どものような悪戯までが発生する。ある有名教授から、手紙を隠されたり、ニセの会議情報を教えられたりと、本当にくだらないいじめが横行していたと聞いたことがある。

だけど複数の世界を持っていれば、過度に他人の顔色をうかがう必要もなくなる。

テレビの世界も同じだ。たとえばワイドショーのコメンテーターは、それを本業にしたらいけないと思う。

もしもテレビだけで活躍しようとしたら、局やプロデューサーの意向を過剰に忖度してしまうかも知れない。明らかに誰かに媚びている人の意見を聞きたい人は多くないはずだ。

一方で、複数の世界を持っている人は、より自由に振る舞うことができる。なぜなら「いざとなったら辞めちゃえばいい」という選択肢を常に持てるからだ。

嫉妬も憎悪も、別の世界を持っている人には効き目がない。

アプリのように「新しいこと」を増やしていく

多くのゲームでは、選択肢が多いほうが有利である。

だから、何か新しいことを始める時に、今までの全てを変える必要はない。ただ増やせばいいのだ。

たとえばスマートフォンに新しいアプリをインストールする時に、わざわざ古いアプリを消去していくという人は少数派だろう（余程、本体の容量が不足しているなら別だが、そんな不便を自らに強いるくらいなら、今すぐに機種変更をすべきだ）。

自分自身のキャリアも、アプリのように追加していくイメージでいい。たとえば起業でさえも、副業で始めた場合のほうが成功しやすいという研究もある（『ORIGINALS 誰もが「人と違うこと」ができる時代』三笠書房）。

ナイキの創業者は事業を始めてから、しばらくは会計士として活動していた。グーグルやフェイスブックの創業者たちも起業後も学業を続けていた。

なぜ副業で始めた起業のほうが成功率が高いのか？　一つは安心感だ。「本業がある」と思えるから、副業では新しいことに挑戦できる。一方で、退路を断って起業した人は、臆病になって新しいことに怯えてしまうことが多いという。

それは会社員も同じだろう。属先が一つしかないという状態は、人を窮屈にする。

その場所を失うことを恐れて、冒険ができなくなってしまう。

最近は副業を禁止しない会社も増えている。もし今の会社に不満があるなら、転職や起業を考える前に、まず副業を探してみるのは一つの手だと思う。

実はこの考え方は、起業に限らず、社内プロジェクトなどあらゆる「新しいこと」に当てはまる。新しいことは、メインとなる仕事とは別に、片手間で始めるくらいでちょうどいい。そうしないと、失敗したときの損失が半端ないからだ。

不確かな未来を生き抜くために

35歳。人生100年時代と言われる現代社会では、まだ平均寿命の半分にも達していない年齢だ。

おそらく早晩「定年」や「老後」という概念は消えていくだろう。少子高齢化が進むこの国で、65歳以上を高齢者と定義して、定年退職を促していたら、国家財政が持たなくなるからだ。

僕が対談したことのある80代半ばの女性は、「老後」の心配をしていた。ただ待っているだけで安心の老後が来るというのは幻想である。

「高齢者」の定義は70歳以上、75歳以上と上がり続け、やがて「何歳になっても、元気なうちは働く社会」が訪れるかも知れない。

この国が大きなピンチを迎えるのは2040年代である。非常に人口の多い団塊ジュニア世代が70代を迎え、彼らの介護をどうするかが大きな社会問題になるからだ。今、35歳の読者は2040年だと、まだ50代後半。恐らく現役で働いている人が多いだろう。

普通に考えれば、急増する社会保障費に対して税金は高くなるのに、医療や福祉の水準が下がっていく。当然、人々の不満も溜まっていくだろう。購買意欲の高い若者も減っていくから、経済も冷え込む。

経済が冷え込むと、人々は政治に走る。それ自体は民主主義国家の一つのありようだが、政治が盛り上がりすぎた国は、社会が不安定になりがちだ。それに嫌気がさして、富裕層は国外に拠点を移すか、堅牢な壁が取り囲むマンションや高級住宅街に閉じこもるようになるかも知れない。

河合雅司さんのベストセラー『未来の年表』(講談社現代新書)は、次のような未来を列挙する。2021年に35歳の人が、何歳になっているかも記してみた。

2026年(40歳)日本の認知症患者数が700万人を超える

２０３３年（47歳）　全国の住居の３戸に１戸が空き家になる
２０３９年（53歳）　深刻な火葬場不足に陥る
２０４２年（56歳）　高齢者人口が約４０００万人を突破
２０４５年（59歳）　東京都民の３人に１人が高齢者になる

これからの数十年の日本には、こんな悲観的なシナリオも控えている。もちろん、ＡＩやロボット技術の発達によって、もっとマシな未来が訪れる可能性もある。

何が言いたいかというと、個人の人生は、社会や国家にも翻弄され得るということだ。戦争がその最たる例だが、新型コロナウィルスの流行で人生プランが狂わされた人も多いだろう。これからも定期的に感染症の大流行は起こるかも知れないし、ひどい不景気に見舞われる近未来も大いにあり得る。

自分の人生計画を練るには、この社会の変化も意識しておく必要がある。この『35歳の教科書』は、そのための頼もしい羅針盤になってくれると思う。そして悲観的な未来を変えるヒントも、この本には溢れている。

「教科書」は読むことそれ自体が目的ではない。

そこで得た知識をどう使うかのほうが大事だ。35歳は、もう若いとは言えないが、やり直しの効かないほど年を取ってもいない。何かを始めるならできるだけ早いほうがいい。

そう、できれば今日から。

（ふるいち・のりとし　社会学者）

本書は、二〇〇九年九月、幻冬舎より刊行された『35歳の教科書
――今から始める戦略的人生計画』に加筆、修正を行いました。

ちくま文庫

35歳《さい》の教科書《きょうかしょ》
――今《いま》から始《はじ》める戦略的人生計画《せんりゃくてきじんせいけいかく》

二〇二一年三月十日　第一刷発行

著　者　藤原和博（ふじはら・かずひろ）
発行者　喜入冬子
発行所　株式会社　筑摩書房
東京都台東区蔵前二―五―三　〒一一一―八七五五
電話番号　〇三―五六八七―二六〇一（代表）
装幀者　安野光雅
印刷所　三松堂印刷株式会社
製本所　三松堂印刷株式会社

ISBN978-4-480-43736-5　C0195